WIEN
STRENG GEHEIM!

Robert Bouchal · Johannes Sachslehner

WIEN
STRENG GEHEIM!

Verborgene Orte · Vergessene Welten

pichler verlag

INHALT

BUNKERRÄTSEL

AUF ZEITREISE IN WIEN

Nullus enim locus sine genio est.
Servius in seinem Kommentar zur *Aeneis* des Vergil

In seinen tausend Honigwaben speichert der Raum verdichtete Zeit.
Dazu ist der Raum da.
Gaston Bachelard, Poetik des Raumes

Es ist eine Binsenweisheit: Zeit ist für unsere Sinne nicht erkennbar, dennoch erfahren wir sie täglich ohne Unterlass. Das Paradoxe: Wir verschärfen diese Erfahrung, indem wir die Zeit auch noch exakt messen. Unerbittlich, so haben wir den Eindruck, läuft sie vorwärts, uns Tag um Tag dem Tode näherbringend. Wir haben keinen Einfluss auf sie, können sie nicht anhalten, keine einzige läppische Sekunde lang. In der Erkenntnis dieser Unmöglichkeit bleibt uns nur die Hoffnung auf die Kraft unseres Bewusstseins – zahlreiche spirituelle und magische Techniken wurden entwickelt, um uns aus den Fesseln der Zeit befreien zu können. Der Begriff „Zeitreise" wurde geprägt, im engeren physikalischen Sinn wohl eine Unmöglichkeit, auch wenn die Theorie bereits Lösungen – etwa die berühmten „Wurmlöcher" oder „Strings" – anbietet. Als Bewusstseinstechnik aber ist der Ausflug in eine andere Zeit eine faszinierende Herausforderung. Auf eine Zeitreise begeben wir uns auch in diesem Buch. Alle Leserinnen und Leser, die in sich diese Sehnsucht nach Transzendenz der Zeit verspüren, laden wir zu einem Besuch von ganz besonderen Orten und Räumen in Wien ein, inspiriert von Gaston Bachelards klassischem Diktum: „Nur mit Hilfe des Raumes, nur innerhalb des Raumes finden wir die schönen Fossilien der Dauer, konkretisiert durch lange Aufenthalte. Das Unbewusste hält sich auf. Die Erinnerungen sind unbeweglich und umso feststehender, je besser sie verräumlicht sind."

Was diese Orte auszeichnet: Sie sind von niemandem einsehbar, vielfach völlig vergessen und auch nicht zugänglich, für die Öffentlichkeit daher so gut wie nicht vorhanden. In dunkler Stille modernd, hinter Spinnweben verborgen, begraben unter dem Schutt der Nachwelt und Tonnen von Beton, verbirgt sich dieses andere Wien, das Wien der *lost places*. Das Wien, das einmal war. Eine vergangene Wirklichkeit, die vergessen ist, mit jedem Tag weiter von uns wegrückt. Doch gerade weil die zeitliche Entfernung zu dem, was war, immer größer wird, ist der Wunsch manchmal sehr stark: einzusteigen in die geniale Zauber-Zeitmaschine und sich zurück zu beamen in eine vergangene Welt. Zur Not würde es ja auch ein Fahrstuhl tun, wie uns das Rudolf Pörtner in seinem Klassiker *Mit dem Fahrstuhl in die Römerzeit* so bildhaft suggeriert hat. Der Fahrstuhl ist zwar nur eine Wunsch-Metapher, diese beschreibt aber treffend den Weg, den wir nehmen: hinab in andere Stockwerke der Zeit. Die Metropole Wien, die touristisch und museal so gekonnt inszeniert scheint, birgt für Expeditionen

Hinab in andere Stockwerke der Zeit: der Antriebsmechanismus des alten Fahrstuhls am Salzgries, ein „schönes Fossil der Dauer".

Seite 1: Abstieg in den Untergrund des Arsenals.

Seite 2: Von außen nicht wirklich zu erkennen: im gigantischen Innenraum der Michaelerkuppel.

Seite 4/5: Dunkle Stille: die Unterwelt des Krankenhauses Hietzing.

Seite 6/7: Blick vom Dach der Hofburg auf den Burggarten und die City.

dieser Art unglaublich viele Möglichkeiten und wunderbare Überraschungen, die den *Urban Explorer* und Zeitenwanderer jedes Mal aufs Neue zum Staunen bringen.

Die Gegenwelt der „lost places"

Die moderne Großstadt, so schreibt der britische Lost-places-Forscher Tim Edensor, strebe nach einer *smoothed-over appearance*, nach einem glatten, sanften Erscheinungsbild, das Wohlstand signalisiere und so Touristen, *new middle-class inhabitants,* Investoren und shoppingfreudige Besucher gleichermaßen anziehe. Sie sei daher tendenziell *over-coded* und *over-designed.* Diesem Idealbild der modernen Metropole aus der Sicht der Stadtplaner und Architekten stehe aber die Sehnsucht der Menschen gegenüber, sich auch in weniger regulierten und perfektionierten Räumen bewegen zu wollen. *Lost places* wie etwa Industrieruinen würden sich dafür perfekt als Gegenwelten anbieten, kündeten sie doch von einer Ästhetik der Unordnung *(aesthetics of disorder).* Weiters würden sie dem Besucher immer wieder Überraschungen bieten und „geisterhafte Blicke" *(ghostly glimpses)* in die Vergangenheit erlauben. Es handle sich dabei, so eine oft zitierte Definition des französischen Filmemachers und Künstlers Guy Debord, um die letzten Orte, die nicht „als Spektakel" entworfen worden seien und gerade deshalb – als Nicht-Bestandteil des kapitalistischen Geschäftsbetriebs und öffentlicher Repräsentation – eine besondere Anziehungskraft besäßen.

Nirgendwo ist die Erfahrung von Raum, Materialität und Vergänglichkeit eindringlicher: rostende Überreste einer alten Hebeanlage im Keller von „Brandauers Schlossbräu".

Und dann gebe es, so hebt Tim Edensor hervor, noch einen wichtigen Aspekt: Der Aufenthalt in vereinsamten, verlassenen Räumen erlaube grundsätzlich eine hautnahe Begegnung mit den Phänomenen Raum, Materialität und Zeit. Wer einmal die Weite und Verlorenheit einer leeren Fabrikshalle erlebt hat, die Morbidität vor sich hin rostender Eisenträger, wird wissen, was Edensor meint: Nirgendwo ist diese Erfahrung des Raumes und der Vergänglichkeit intensiver, dafür sorgen Spinnweben, Moder und Rost.
Der Nostalgie-Industrie, die geschäftstüchtig die großen Sehenswürdigkeiten der Stadt inszeniert, sind die *lost places* fremd, bilden diese doch die Gegenwelt zu den museal aufbereiteten Orten normierter Erinnerung. Tag für Tag bekommen Tausende von Besuchern in Schönbrunn und in der Hofburg, im Stephansdom und im Belvedere exakt konfektionierte Erinnerungs-„Häppchen“ serviert, nüchterne Fakten, Geschichten und Anekdoten ohne Ecken und Kanten, perfekt abgestimmt auf die Erwartungshaltung der Gäste, erprobt in jahrzehntelanger touristischer Praxis. Liebgewordene Klischees werden reproduziert, Mythen fortgeschrieben. Es geht ja auch nicht um kritische Erinnerung, sondern um den möglichst erfolgreichen Verkauf des „Kaiserstadt“-Images. In diesem Bild soll es möglichst keine Risse geben.

Fenster zur ungeschönten Vergangenheit

Anders die Orte und Räume, die wir besuchen, entdecken, erforschen: Hier stürzen Eindrücke ungefiltert und ungeordnet auf uns ein, Tim Edensor spricht von *involuntary memories*, von Erinnerungen, die uns ungewollt und unwillkürlich „überfallen“, oft ausgelöst von auf den ersten Blick unscheinbaren Details wie Materialien und Gerüchen. „Fenster zur ungeschönten Vergangenheit“ nennt der Journalist Felix Stephan die verlassenen Gebäude, sie würden „einen ehrlicheren Blick in die Vergangenheit“ bieten als zum Beispiel Museen, „denn was man dort zu sehen bekommt, ist nicht kuratiert. Die Dinge sind nicht nach unseren Maßstäben zurechtgerückt und aufgearbeitet. Wenn man in einem Gebäude steht, das seit 30 Jahren nicht betreten wurde, steht nichts zwischen dem Betrachter und der Vergangenheit. Die Dinge in diesen Gebäuden verweisen nicht auf die Vergangenheit, sie sind selbst die Vergangenheit.“ Das Besondere der *lost places* ist also: Wir erfahren die Vergangenheit als das unmittelbar Gegenwärtige. Wuchtig, unkommentiert, noch nicht erzählt und „entschärft“. Sie hüllt uns ein und Dinge werden sichtbar, die man ansonsten gerne aus den Augen verliert: banale „Zeichen“, die von Macht und Ohnmacht berichten, von Regulierung, Hierarchie und Bürokratie, vom Ausgeliefertsein des Einzelnen an die von Tempo bestimmte Maschinenwelt der Fabrikshallen.
Wir bewegen uns in Räumen, in denen sich, wie Edensor schreibt, das Sichtbare und das Unsichtbare, das Materielle und das Immaterielle überschneiden und uns zugleich von den Menschen berichten, die sie geplant und geschaffen haben, die hier ihren Dienst versahen oder Angst um ihr

Leben litten. Plätze, die uns von den Umständen erzählen, die dazu führten, dass sie verlassen und vergessen wurden. Es sind Orte und Räume, die sich der Regulierung entziehen und die es damit in der perfekt geplanten und überwachten modernen Großstadt gar nicht mehr geben dürfte.

In diesem Gegensatz zum *smooth space* sieht der Londoner Ethnograf und *Urban Explorer* Bradley L. Garrett nicht zuletzt auch den Reiz des *place hacking*, wie er es nennt, begründet: Es sei dies eine Reaktion auf die „zunehmende Überwachung und Kontrolle des öffentlichen Raums". In seinem Buch *Explore Everything* (London 2013) hat Garrett das radikale Credo der Urban-exploring-Szene formuliert: Die Stadtlandschaft sei ein Ort existentieller Herausforderung und immer neuer Entdeckungen – ihnen gelte es sich zu stellen und die Stadt so – metaphorisch gesprochen – in seinen Besitz zu bringen. *Place hacking* sei letztlich eine Art von kultureller Wiedergeburt *(cultural renaissance)*, bei der es darum gehe, als Bürger wieder die Kontrolle über die eigenen Rechte auf die Stadt wiederzuerlangen. Diese Rechte, an denen man wieder gleichen Anteil haben möchte, seien Macht, Raum, Geschichte, Investment, Entwicklung und Wissen. *Urban exploring* besitze also durchaus auch soziale Sprengkraft, arbeite man doch an der Öffnung geschlossener Systeme, installiert von staatlichen Institutionen und der Stadtverwaltung.

Verschwundene Geisterstätte im Arsenal: Raum der alten Panzerhalle.

Wien ist nun nicht London oder Chicago, dennoch wollen wir nicht verhehlen, dass Abenteuer- und Entdeckerlust auch bei unseren Unternehmungen eine gewisse Rolle spielen – aber nicht die wichtigste. Nicht der waghalsige Selbsterfahrungstrip ist unser Impuls, sondern die Neugier auf das spezifische Geheimnis von Orten und Räumen. Garrett sagt dagegen: *Urban exploration is a search for experiences located at the porous, live intersections between bodies and places in (re)discovered locations* – es ist das eine Philosophie, die unserer Meinung nach den Aspekt „Abenteuerspielplatz Stadt" zu sehr in den Vordergrund rückt und gleichzeitig den spezifischen Zauber der (wieder)entdeckten Orte zu sehr vernachlässigt. Es geht uns nicht um halsbrecherische Aktionen und das Überschreiten von Grenzen, sondern um die andere Wirklichkeit der Stadt.

Zum Moment der Selbsterfahrung sei noch angemerkt: Garrett betont die Wechselwirkung zwischen Körpern und Orten zu Recht. In der Erfahrung verborgener Welten ist die „innere Geografie" zweifellos stark beteiligt, der Begriff „Psychogeografie", der dafür geprägt wurde, beschreibt diesen Einfluss des Gesehenen auf un-

sere Emotionen. Das bedeutet auch, dass bestimmte Räume und Orte sehr unterschiedlich wahrgenommen werden können, entscheidend ist die individuelle Disposition. Gleichzeitig wächst auf unserer inneren Landkarte die Sehnsucht nach der Begegnung mit dem Verborgenen, hinter dem wir das Eigentliche vermuten.

Gegenwelt, bestimmt von einer „Ästhetik der Unordnung“: verlassener Weinkeller im Sternwartepark.

Im Schattenreich der Langsamkeit

Es ist eine faszinierende Erfahrung, die wir auf unseren Expeditionen in die verborgenen Welten Wiens immer wieder machen: Wir haben das Gefühl, dem großen Geheimnis der Zeit ein Stück nähergekommen zu sein. Hier, in dunkler Stille, abseits der Hektik der Großstadt, die unablässig und mit immer neuer Energie an ihrer Zukunft arbeitet, herrscht ein anderer Zeitbegriff. Der in die Zukunft drängende Pfeil der Zeit hat seinen Flug unterbrochen, die Zeit läuft nicht mehr vorwärts, sie scheint tatsächlich stehen geblieben. Wir befinden uns, so der Eindruck, auf kleinen Zeit-Inseln, auf denen die Vergangenheit höchst lebendig ist, Tim Edensor spricht vom „Schattenreich der Langsamkeit“ *(shadow realm of slowness)*, das sein eigenes, von der städtischen Welt „draußen“ deutlich geschiedenes Tempo entwickle. Gemeinsam bilden diese Zeit-Inseln eine Landschaft des Ungleichzeitigen in der von Gleichzeitigkeit dominierten Stadt, widerständige Blöcke, die uns zwingen, manche Aspekte der Stadtgeschichte in neuem Licht zu sehen.

Unser Impuls ist die Neugier auf das spezifische Geheimnis von Orten und Räumen: im Luftschutzkeller der Sargfabrik in Atzgersdorf.

Letztlich verknüpfen sich unsere Entdeckungsfahrten in versteckte Welten auch mit mystischen Erfahrungen: Der Gedanke an die eigene Vergänglichkeit ist auf diesen Zeit-Eilanden kaum zu vermeiden, in der unmittelbaren Begegnung mit der Vergangenheit werden die Schrecken der Zeit unwillkürlich wach und diese heißen Altern und Tod.

Stadt und Geschichte

History takes place – Geschichte nimmt sich Platz, ergreift Räume und Orte, lädt sie auf mit Bedeutung. Eine Binsenweisheit, die in besonderer Weise für eine Stadt wie Wien gilt, die ihre Identität aus verklärenden „Stadterzählungen" (Monika Sommer) zieht: aus der Erzählung von der „Musikstadt Wien" etwa oder den „Traum und Wirklichkeit" so vielfältig verbindendem Narrativ „Wien um 1900", in dem die Habsburgermetropole zur „Hauptstadt der Moderne" erklärt wird.

Wie nirgendwo sonst wird Geschichte in der Stadt „verräumlicht". Ihre Architektur „lässt sich als geronnene und geschichtete Geschichte beschreiben" (Aleida Assmann), in ihren immer wieder um- und überbauten Gebäuden, in Ziegelmauern aus der Römerzeit und modernen Betonkonstrukten, in barocken Palästen und Bunkerbauten aus dem Zweiten Weltkrieg manifestiert sich die Gleichzeitigkeit des Ungleichzeitigen.

Aleida Assmann hat für dieses Phänomen des Ineinander-Verwobenseins der Zeiten im urbanen Raum das eindrucksvolle Bild vom Palimpsest ge-

Im Schattenreich der Langsamkeit: der unterirdische Gang im Narrenturm.

funden: So wie einst die Mönche die Schrift vom kostbaren Pergament kratzten, um Platz für eine neue Beschriftung zu machen, werden in der Stadt Räume und Orte neu „überschrieben", sprich überbaut. Alles sei daher in der Stadt gleichzeitig anwesend, was aber nicht heiße, dass wir die sedimentierten „Zeitschichten" (Reinhart Koselleck) auch gleichzeitig wahrnehmen können. Manche Zeichen und Spuren gelte es neu zu entziffern und zu deuten, dem Vergessen zu entreißen.

Einen ähnlichen Gedanken verfolgte der serbische Architekt und Künstler Bogdan Bogdanovic: Er definierte die Stadt als „Depot gesammelter Erinnerungen", auch für ihn hingen „historische Tiefe und Gedächtnisbildung" eng zusammen. Jede Stadt schreibt so ihre Geschichte und Erinnerungen unablässig fort, auch wenn gleichzeitig die „Funktionalisierung" des öffentlichen Raums voranschreitet und wir dies meist auch als angenehm empfinden – für die neue Stadtautobahn nimmt man halt in Kauf, dass die über Jahrhunderte gewachsene Identität eines Grätzels zerstört wird, und man gewöhnt sich an das mächtige Betonband der U-Bahn, das auf Pfeilern die Stadtlandschaft überspannt. Wer diesem *smooth space,* wie Tim Edensor ihn nennt, entfliehen und ein anderes Gesicht der Stadt sehen möchte, ein Antlitz, das berührt und beeindruckt, uns fesselt oder auch verstört, möge mit uns kommen …

WO DIE ZEIT STEHEN GEBLIEBEN SCHEINT

LOST PLACES

DIE KATAKOMBEN UNTER DEM THESEUSTEMPEL

Erbaut als „Weihestätte" für Canovas großartiges Kunstwerk: der in reinweißer Farbe erstrahlende Theseustempel.

Besonders an wolkenlosen Tagen fällt er auf: Eingebettet in das farbenprächtige Blumenmeer des Volksgartens und den blauen Himmel als Hintergrund, leuchtet der Theseustempel mit seinem strahlenden Weiß dem Stadtwanderer entgegen. Wienbesucher fotografieren die Nachbildung des Athener Theseions, das perspektivisch geschickt in die am 1. März 1823 eröffnte Gartenanlage eingepasst wurde, gerne. Dies war nicht immer so. Lange Zeit hindurch befand sich der imposante Tempelbau von Peter (Pietro) von Nobile in einem desolaten Zustand. Völlig heruntergekommen, war er zu einem Treffpunkt der Drogenszene geworden, ein Ort, mit dem niemand so richtig etwas anfangen konnte. Nach seiner Renovierung in den Jahren 2008 bis 2010 prangt er nun wieder in der ursprünglichen reinweißen Farbe den Besuchern entgegen und ist zu einem wahren Schmuckstück geworden. In seinem Inneren veranstaltet das Kunsthistorische Museum Ausstellungen, die kostenlos zu besichtigen sind, und irgendwie nimmt man dafür auch in Kauf, dass das imposante Bauwerk seinen eigentlichen Zweck schon seit dem Jahr 1890 nicht mehr erfüllt: der passende Dekor zu sein für Antonio Canovas großartige Theseusskulptur aus Carraramarmor, die damals ins Kunsthistorische Museum transferiert wurde und beim Transport prompt einen Arm verlor. Dass damit nachträglich Canovas künstlerische Vision endgültig zerstört wurde, kümmerte wenig – der Bildhauer hatte sich genau diese Nachbildung des Theseions als Aufstellungsort gewünscht. Bis dahin galt das „Theseum" jedenfalls als erstrangige Sehenswürdigkeit: „Der Eintritt in den Theseustempel ist täglich und zu jeder Jahreszeit unter der Aufsicht des wachehaltenden Mannes von der Hofburgwache gestattet", lesen wir in einem 1853 erschienenen Führer zur kaiserlichen Burg von Gerhard von Coeckelberghe-Dützele, der unter dem Pseudonym „Realis" publizierte. Für den aus Löwen in den Österreichischen Niederlanden stammenden Autor war der Theseustempel „der merkwürdigste Gegenstand des, dem Vergnügen des Publlicums durch die Großmuth des verewigten Kaisers Franz I. gewidmeten Volksgartens". Anton von Steinbüchel, der Direktor der kaiserlichen Antikensammlung, erblickte in ihm ein „architectonisches Prachtwerk alten Styles", das so wie das antike Gebäude „die Zierde einer der größten und schönsten Städte der Welt" sei. Untermauert wurde diese Feststellung durch einen genauen Größen- und

Mächtige „Steinquader" in der „zweiten Welt" des Theseustempels sollten an antike Katakomben erinnern, tatsächlich handelt es sich um Scheinarchitektur – die Struktur der Quadersteine ist nur vorgetäuscht, dahinter verstecken sich Ziegeln.

Unter dem „Heidendom“ sollte eine antike Erlebniswelt Besucher anlocken: die Haupthalle der Katakomben.

Stilvergleich: „Das attische Gebäude ruhte in der Länge auf 13 Säulen, das neuantike aber nur auf 10, jedoch genau von dorischer Ordnung, wie bey Jenem. Der Breite oder der kürzeren Seite nach behielt man in der Kopie so wie im Originale die Zahl 6 bey. In der ganzen äußeren Länge hat es 76 und in der Breite 43 Schuh Fortifications- oder Pariser Maß. Der Durchmesser der Säulen hält genau, wie bey jenen zu Athen noch befindlichen 3 Schuh, 2 Zoll, 8 Linien.“

Als „Weihestätte“ für das Kunstwerk Canovas war die imposante Nachbildung des „Heidendomes“ (Anton von Steinbüchel) gewiss bewundernswert, neugierige Besucher konnten aber, in „der Regel an den Freitagen von 9–12 Uhr“, noch mehr sehen – jenen unterirdischen Bereich, der heute völlig in Vergessenheit geraten ist und als Pendant zur oberirdischen Tempelanlage konzipiert war. Wie bei einem Eisberg verbirgt sich ihre wahre Größe! Zur Erklärung dieses Phänomens müssen wir uns den Standort des Theseustempels genauer ansehen: Er befindet sich auf dem Areal des ehemaligen Stadtgrabens, der vor der Stadtmauer lag. Als man 1819 mit den Bauarbeiten begann, musste man, um den Niveauunterschied auszugleichen, entsprechend tiefe bzw. hohe Grundmauern vorsehen, dadurch entstand ein Hohlraum, den man mit Erde aufschütten hätte können, Peter von Nobile entschied sich jedoch für eine andere Lösung: die Schaffung einer unterirdischen Halle, „welche durch die Art der Beleuchtung Gelegenheit zu einem angenehmen Spiele der Einbildungskraft bot, weil uns an jedem Orte das geheimnisvolle Dunkel längst verschwundener Jahrhunderte umschwebt", wie dies Coeckelberghe-Dützele später formulierte. Geplant war also eine unterirdische „Erlebniswelt", die im Ansatz auch tatsächlich geschaffen wurde. Man bestückte die entstandenen „Katakomben" mit römischen, in Wien und Umgebung gefundenen Denkmälern aus den kaiserlichen Sammlungen – mit Büsten, Grabsteinen, Sarkophagen, Opferaltären und Inschriftensteinen. Initiator dieser Unternehmung war der schon erwähnte Anton von Steinbüchel. Glanzstück der unterirdischen Schau war das berühmte, 1816 bei Stixneusiedl gefundene Mithrasrelief, das sich heute so wie alle anderen einst hier ausgestellten Objekte im Kunsthistorischen Museum befindet.

Bald gab es jedoch erste Probleme: Die ausgestellten Objekte litten unter den Temperatur- und Luftverhältnissen in den Katakomben, Schäden waren zu befürchten. Angeblich war die Schau ab 1835 nur mehr auf Anfrage zu besichtigen – ein Widerspruch zu den Angaben im Führer von Realis. Schon 1845 sollen die Objekte abgebaut und abtransportiert worden sein – acht Jahre vor Erscheinen des Buches von Realis. Sollte ihm dies unbekannt geblieben sein?

Der Eingang zur unterirdischen Schau Steinbüchels befand sich in einem „zierlichen Gebäude" auf der linken Seite des Theseustempels – heute ist der Zugang verschlossen. Über eine Treppe aus Beton, die aus späterer Zeit stammt, erreichen wir die unterirdische Vorhalle, in der einst vier antike Büsten, eine von ihnen angeblich Alexander den Großen darstellend, und zwei Inschriftensteine aus Petronell ausgestellt waren. Die nackten, unver-

Luft- und Temperaturverhältnisse sorgten mit der Zeit für Schäden: Der Schriftzug „Kellerei" beim Aufgang zum Volksgarten ist kaum mehr erkennbar.

putzten Säulen sind nun für uns sichtbar. In dieser Vorhalle befindet sich eine Absperrung. Nachdem wir diese passiert haben, führt ein langer unterirdischer Gang direkt unter den Theseustempel. Wir gelangen in die sehr großen, hallenartigen Bereiche der Katakomben, die völlig leer sind, nicht ein römischer Inschriftenstein ist geblieben! An der Stirnseite der Haupthalle lesen wir den Namen des Gründers: Franz I. KAISER VON OESTERREICH 1823 – ob diese nüchterne Leere im Sinne des Verewigten gewesen wäre? Das Wort „Kellerei" in einem Gewölbebogen der Treppe hat uns darauf hingewiesen, dass die unterirdischen Räume ab 1841 dem Kaffeesieder im Volksgarten zur Verfügung standen.

Unwillkürlich stellen wir uns die Frage, ob es nicht vielleicht doch sinnvoll wäre, auch diese unterirdische Welt wieder für Ausstellungen zu nützen? Wo sonst könnte man ein Mithräum stimmungsvoller inszenieren? Auch wenn man die Überlegungen von einst, die zur Konzentration aller Objekte im Kunsthistorischen Museum geführt haben, verstehen mag – die unterirdische Welt des Theseustempels hätte das Potential zu einem Publikumsmagneten zu werden. Von einer wundervollen Parkanlage umschmeichelt und sehr leicht für jedermann zu erreichen, in unmittelbarer Nähe der Hofburg, wäre dies der ideale Ort, um den Besuchern Objekte aus der Geschichte Wiens zu präsentieren.

Beinahe vergessen ist, dass die Cella des Theseustempels nach dem Abtransport der Canovaskulptur für eine Ausstellung der Funde aus Ephesus genützt wurde. Am 10. Juni 1901 kam Kaiser Franz Joseph in Begleitung

Der verschlossene Verbindungsgang zu den unterirdischen Gewölben.

So präsentierte sich einst die heute im Kunsthistorischen Museum ausgestellte Theseusskulptur in der Cella des Tempels.

des türkischen Botschafters und einiger Minister sowie der zuständigen Archäologen zu Fuß aus der Hofburg in die Ausstellung, nahm „die Gegenstände mit dem lebhaftesten Interesse in Augenschein" *(Das Vaterland)* und äußerte sein Wohlgefallen an den gezeigten 29 Funden, besonders hervor hob er den berühmten bronzenen Athleten.

Vergessen sind auch die Pläne von Hanns Dustmann, dem Schwager von Gauleiter Baldur von Schirach. Seine Neukonzeption des Heldenplatzes als „Wiener Walhalla" (Jan Tabor) sah vor, den Theseustempel auf ein „Ehrenpodest" zu setzen, um so einen eindrucksvollen Abschluss zum Volksgarten hin zu finden. Das Schicksal, Teil einer gigantischen Nazi-Kultstätte zu werden, ist dem Theseustempel zum Glück erspart geblieben.

DAS GEHEIMVERSTECK DER REVOLUTIONÄRE

Verborgene Erinnerung an die Helden und Märtyrer der Revolution von 1848: Porträt von Robert Blum, erschossen am 9. November 1848 in der Brigittenau.

So manches Haus in Wien weiß eine abenteuerliche Geschichte zu erzählen, und das gilt nicht nur für die prunkvollen Paläste der Innenstadt. Da treffen wir z. B. im alten Weinort Pötzleinsdorf, dort, wo sich Wienerwald und Stadt in so einzigartiger Weise verschränken, auf ein wunderbares Haus, erfüllt vom Atem der Vergangenheit. Seine Anfänge reichen wohl zurück ins 18. Jahrhundert: Pawlatschen, Arkaden, enge Treppen, im Garten ein tiefer Brunnen und eine barocke Treppenanlage, die aus Schloss Hof hierher versetzt worden ist, dazu zwei verwitterte Statuen, die einst die Fassade des 1881 durch Brand zerstörten Ringtheaters zierten – Alt-Wien lebt! Ein Ort, der geballte Erinnerungen wachruft und eng verknüpft ist mit der Geschichte Wiens. Sigmund Freud hat hier einst den Sommer über gewohnt, ein bekanntes Foto zeigt ihn im Garten vor der Treppe stehend. Das Haus selbst stand so wie das unweit davon gelegene Geymüllerschlössel im Besitz der Familie des jüdischen Textilindustriellen Isidor Mautner (1852–1930), eines der reichsten und erfolgreichsten Unternehmer der Monarchie. Bis zu 23.000 Beschäftigte waren in der von ihm aufgebauten „Österreichischen Textilwerke AG" tätig, 42 Fabriken zählten gegen Ende des Ersten Weltkrieges zu seinem Imperium. Verheiratet war Isidor Mautner mit Jenny, geborene Neumann (1856–1938), der Ehe entstammten die Söhne Stephan und Konrad sowie die Töchter Katharina („Käthy") und Marie. Jenny Mautner, die selbst in einem Damenchor sang, machte sich einen Namen als Mäzenin und lud zahlreiche Künstler in das Geymüllerschlössel, die künstlerische Erziehung ihrer Kinder übertrug sie dem Bildhauer Josef Breitner und dem Maler und Fotografen Ferdinand Schmutzer. Tragisch das Schicksal Stephan Mautners (1877–1944), ihres ältesten Sohnes: Seit dem Jahre 1900 verheiratet mit Elsa Eissler (1877–1944), leitete er die „Neue Wiener Bankgesellschaft", der Bankrott der Finanzanstalt brachte auch die Firmengruppe des Vaters in Schwierigkeiten, die schließlich zusammenbrach. Nach dem Tod des Vaters zog sich Stephan Mautner 1930 aus allen Funktionen in den Unternehmen der Familie zurück und widmete sich seiner großen Leidenschaft, der Malerei. Im November 1938, knapp vor der Reichspogromnacht, emigrierte er mit seiner Frau nach Budapest, der Mordmaschine der Nazis entkam das Ehepaar jedoch nicht – Stephan und Elsa Mautner wurden im Juli 1944 in Auschwitz getötet. Ein erschütterndes Foto im sogenannten „Auschwitz-Album", aufbe-

Eine steile Treppe führt hinauf zum Versteck.

Ein Haus mit Geheimnissen in Pötzleinsdorf – Isidor Mautner schenkt es 1910 seinem Sohn Konrad zur Hochzeit.

wahrt im Holocaust-Dokumentationszentrum Yad Vashem, zeigt Stephan Mautner kurz vor seiner Ermordung in der Gaskammer. Mehr Glück hatten die anderen Angehörigen der Familie: Die Schwestern Käthy und Marie überlebten im englischen Exil, Konrad Mautner, der als begeisterter Volkskulturforscher das Ausseerland zum Lebensmittelpunkt gewählt hatte, war bereits 1924 gestorben. Mutter Jenny Mautner verschied am 8. April 1938, zwei Tage vor dem „Ja" der Österreicher zu Hitlerdeutschland.

1888 erwarb Isidor Mautner das Geymüllerschlössel und schenkte das prächtige „Lustgebäude" seiner Frau zum 32. Geburtstag. Das „Schlössel" wurde zum Sommersitz der Familie, die jeweils gegen Ende April mit Sack und Pack aus der Wohnung in der Löwelstraße 12 nach Pötzleinsdorf übersiedelte. Hier hält Jenny Mautner den Sommer über ihre *jours* ab, zu denen sie, meist am Sonntag, Musiker, Schriftsteller, Maler und Theaterleute einlädt, unter ihren Gästen sind Richard Strauss, Max Reinhardt, Bruno Walter, Hugo von Hofmannsthal und Arthur Schnitzler.

Isidor und Jenny Mautner wollen ihre Kinder in der Nähe wissen und so wird der Familienbesitz in Pötzleinsdorf weiter ausgebaut. Tochter Käthy, die 1906 den Juristen Hans Breuer, einen Sohn des Freud-Weggefährten Josef Breuer, heiratet, erhält als Hochzeitsgeschenk das Nachbarhaus in der Khevenhüllerstraße; drei Jahre später, 1909, heiratet Sohn Konrad seine Cousine Anna Neumann und erhält ebenfalls ein Haus als Geschenk – das unmittelbar anschließende Anwesen in der Khevenhüllerstraße. Konrad, der die Geschäftswelt seines Vaters ablehnt und es vorzieht, am Grundlsee

Ein Ort der Idylle und Ruhepol: die Gartenfront heute.

zu leben, hält sich hier jedoch nur selten auf, nach seinem frühen Tod 1924 geht das Haus in den Besitz seines ältesten, 1910 geborenen Sohnes Heinrich Mautner über. Noch vor dem „Anschluss" verkauft die Familie Mautner die Liegenschaft, ihr restlicher Pötzleinsdorfer Besitz fällt 1938/39 der „Arisierung" zum Opfer. Das seit 1929 an die Österreichische Nationalbank verpfändete Geymüllerschlössel ging auf die Deutsche Reichsbank über.

Eingedenk der Bedeutung dieses Hauses als Erinnerungsort haben wir etwas weiter ausgeholt, nun aber zu seinem eigentlichen Geheimnis – dazu schwenken wir zurück in das Revolutionsjahr 1848. Ende Oktober stehen die Truppen der Reaktion unter Fürst Windisch-Graetz vor Wien, am 22. Oktober wird der Belagerungszustand verhängt. Die revolutionären Verteidiger der Stadt rund um Cäsar Wenzel Messenhauser, den Kommandanten der Nationalgarde, und den polnischen General Józef Bem hoffen auf Unterstützung durch ungarische Truppen, als diese jedoch bei Schwechat durch die kroatischen Einheiten des Banus Jellačić zurückgedrängt werden, ist die Lage endgültig hoffnungslos. Am 1. November wird am Stephansdom die weiße Fahne gehisst, die kaiserlichen Truppen besetzen die Stadt, es beginnt eine gnadenlose Hatz auf die führenden Köpfe der Revolution. Messenhauser und der Abgeordnete zur deutschen Nationalversammlung Robert Blum werden verhaftet, zum Tode verurteilt und erschossen; exekutiert werden auch die demokratischen Journalisten Alfred Julius Becher und Hermann Jellinek und zahlreiche Soldaten, die sich den Wiener Aufständischen angeschlossen hatten.

Während einigen „politisch gravierten" Männern wie Józef Bem und Daniel Fenner von Fenneberg die Flucht ins Ausland gelingt, versuchen sich andere zu verstecken – und da springt Dr. Karl Hoffer, ehemaliger Obmann des Studentenausschusses und Mitglied des ersten Reichsrates, rettend ein: Obwohl selbst einmal nur „durch schleuniges Verkriechen in einen Misthaufen" der Verhaftung entgangen, wie der Journalist August Angenetter, Verfasser des Abschnitts über Pötzleinsdorf im *Heimatbuch Währing*, zu berichten weiß, stellt er den verfolgten Angehörigen der Akademischen Legion sein Haus im Pötzleinsdorfer Hohlweg, der seit 1894 den Namen „Khevenhüllerstraße" trägt, zur Verfügung. Genauer gesagt: nicht das ganze Haus, sondern einen „sicheren Verberg" knapp unter dem Dach.

Die geordnete Welt des jüdischen Großbürgertums: Familie Mautner beim Essen im Salon des Geymüllerschlössels: Konrad, Isidor, Jenny, Käthy und Marie (von links nach rechts). Foto von Ferdinand Schmutzer, um 1905.

Der Schriftsteller Artur Gottlieb hat später als Gast des Hauses Gelegenheit, den geheimnisvollen Dachraum zu besichtigen, und schildert in seinem Buch *In der Mariengasse* das letzte Refugium der Revolutionäre: „Unter dem Dache weitete sich ein einziger Raum durch die Flucht des ganzen Hauses, zu dem vom ersten Stockwerk aus eine steile Holztreppe in zwei Windungen hinaufführte. Oben ließ sich diese Treppe durch eine schwere Falltüre unpraktikabel machen. Betrat man diese geräumige Mansarde, so mußte sich erst das Auge an das hier selbst bei hellstem Sonnenschein vorherrschende Dämmerdunkel gewöhnen. Noch ein Umstand fiel selbst bei flüchtigster Umsicht ins Auge: daß der Raum, trotz seiner Ausdehnung, im Verhältnis zur Grundfläche des Hauses zu klein erschien. Er war auch tatsächlich nicht voll ausgenützt, sonst hätte er, entsprechend der Schrägung des Daches, schief gegen den Boden zu verlaufen müssen. Aber dies Gelaß umgab ringsum eine mannshohe Wand, die – pochte man daran – einen hohlklingenden Ton gab, als hätte man den Resonanzboden eines riesigen Instrumentes angeschlagen. Über dieser Mauer schrägte sich und traf unverhüllt des Firstes in einer Linie zusammen. Hinter der hohlklingenden Mauer lagen rings um den gemeinsamen Mittelraum Kammern von verschiedener Ausdehnung und Größe, die man füglich hätte Verschläge nennen müssen. Dieser Fuchsbau war überall durch Türchen miteinander verbunden, die in die Wände der Fenstervorplätze eingeschnitten und so niedrig waren, daß man sie nur in gebückter Stellung passieren konnte. Und man konnte sie nur dann finden, wenn man im Weingerank genau die Stellen kannte, wo diese Türchen eingelassen waren. Eine sehr geschickte Hand mußte sie eingepasst und ein sehr findiger Maler sie maskiert haben, so genau und versteckt (....) waren sie angebracht. Nicht die kleinste Fuge klaffte zwischen den Türen und ihren Bettungen. Um diese ‚Sesam tu' dich auf!' zu entriegeln, bedurfte es eines Druckes mit halber Linkswendung auf einen anscheinend harmlos in der Wand steckenden Nagel."

Diese Schilderung Gottliebs hat uns neugierig gemacht und wir wollen nun selbst einen Eindruck von diesem denkwürdigen Versteck gewinnen. Ein Termin zur Besichtigung ist rasch gefunden, bereitwillig führt uns der zuvorkommende Hausherr hinauf in die einst verborgene Welt unter dem Dach. Die steile Treppe ist noch immer da, allerdings nicht mehr aus Holz,

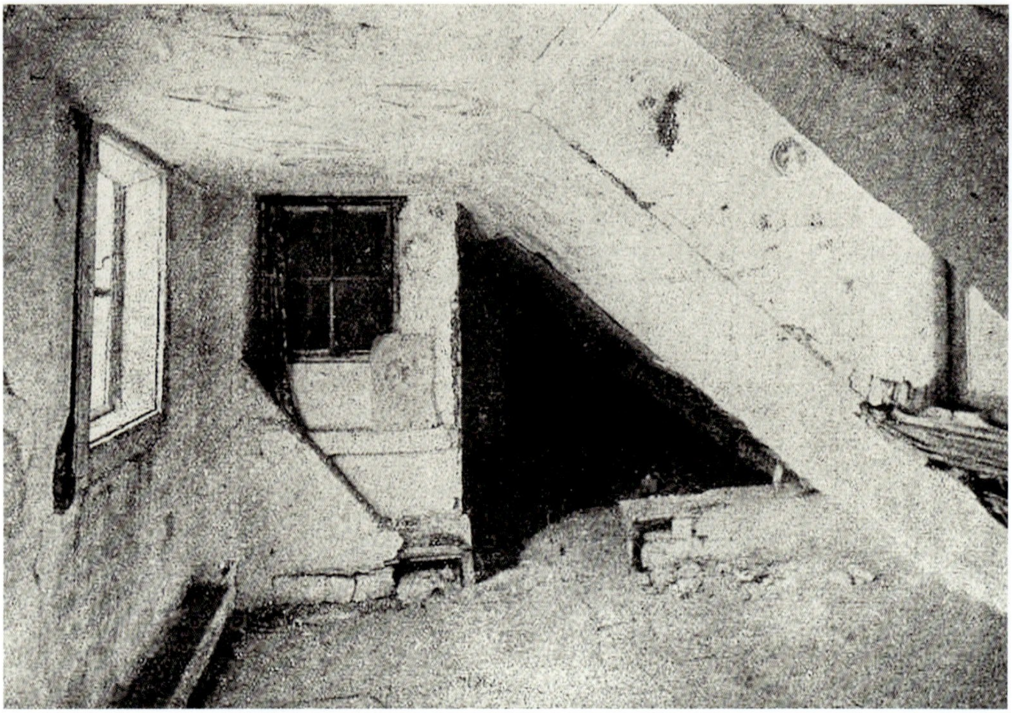

Der „sichere Verberg“ im Dachraum, wie er sich in den 1920er-Jahren dem Besucher präsentierte.

Das Porträt des „Bauernbefreiers“ Hans Kudlich ist noch gut erkennbar. Kudlich, auch er war Mitglied der Akademischen Legion, wurde 1851 in Abwesenheit zum Tode verurteilt und ging in die USA ins Exil.

Rechte Seite: Letzte Reminiszenz an das Ringtheater: die Muse der Sprachkunst mit dem Füllhorn.

die Falltür ist verschwunden. Über einen schmalen Zugang, vorbei an Tausenden von Büchern, in „gebückter Stellung“, erreichen wir den letzten verbliebenen „Verschlag“ – wir bekommen sofort ein Gefühl dafür, wie es den jungen verfolgten Revolutionären in dieser Enge zumute gewesen sein muss. An der mit Kalkmilch gestrichenen Dachschräge und der Stirnwand entdecken wir die Kohlezeichnungen, von denen wir schon gehört haben.

Wir erkennen die Porträts Robert Blums, Cäsar Wenzel Messenhausers und Hans Kudlichs und eine Freiheitsgöttin mit phrygischer Mütze, ein unbekannter Künstler unter den Verfolgten hat hier den Märtyrern und Helden der Revolution ein verborgenes Denkmal gesetzt. Die Zeichnungen haben zwar unter dem Zahn der Zeit gelitten, dennoch sind sie unmittelbares Zeugnis des Geistes der Revolution von 1848, die in der Wiener „Erinnerungskultur" leider kaum mehr eine Rolle spielt. Über den Urheber der „flotten Kohlenzeichnungen in Überlebensgröße, an deren Werden wohl Langeweile und Begeisterung den gleichen Anteil haben mochten" (August Angenetter), ist nicht bekannt; eine Vermutung drängt sich uns dann doch auf: Die Porträts, die zweifellos die „wahre Künstlerhand" verraten, könnten vielleicht von Josef Matthias Aigner (1818–1886) stammen, der Mitglied der Akademischen Legion war und später durch seine Porträts von „Sisi" und Kaiser Franz Joseph bekannt wurde. Aigner wurde allerdings gefasst und am 23. November 1848 zum Tode verurteilt, Fürst Windisch-Graetz begnadigte jedoch den jungen Künstler.

Wie das *Heimatbuch Währing* erzählt, „hausten die politischen Flüchtlinge durch viele Wochen" in diesen Dachverschlägen, „stets eifrig verfolgt von der Polizei und doch niemals von ihr erwischt, obwohl die Häscher kein Mittel unversucht ließen, um ihrer habhaft zu werden. Mit aufgepflanzten Bajonetten und gezogenen Säbeln kam wiederholt zur Tages- und Nachtzeit die fahndende Behörde, das Haus wurde rings so umstellt, dass kein Mäuslein hätte entrinnen können, jeder Winkel und jedes Loch, jeder Schrank und jede Truhe wurde durchsucht, in die noch leibwarmen Betten wurde mit den Säbeln und Bajonetten hineingestochen – doch keiner der Verfolgten wurde gefunden, denn alle hatten sich beim Herannahen der Polizei durch die geheimnisvollen Türchen, von denen die Behörde natürlich keine Ahnung hatte und die sie nie entdeckte, in Sicherheit gebracht und die Polizei mußte

Die barocke Treppenanlage aus dem Garten von Schloss Hof.

Sigmund Freud verbringt den Sommer 1931 im Haus der Mautners in Pötzleinsdorf.

jedesmal mit langer Nase wieder abziehen. Ein einziges Mal gelang es ihr, einen schlafend zu finden. An den Händen mit schwerem Eisen gefesselt, wurde er unter Flüchen und Kolbenstößen abgeführt. Nach ein paar Tagen amtete das Kriegsrecht gegen ihn und dann richteten sich im Wallgraben sechs Gewehrläufe gegen seine Brust …"

Der Name des Unglücklichen – könnte dies vielleicht Josef Matthias Aigner gewesen sein? – ist uns nicht überliefert, unter jenen, die im Dachraum eine rettende Zuflucht fanden, befand sich der damals 27-jährige Journalist Ferdinand Kürnberger (1823–1879). Als engagierter Mitarbeiter der *Wiener Sonntagsblätter* Ludwig August Frankls, der *Presse* und anderer Zeitungen wurde der junge Mann, auch er Angehöriger der Akademischen Legion, als „Brandartikelschreiber" und „Aufwiegler" von der Militärregierung „mit besonderem Eifer" gesucht, zu Unrecht bestand der Verdacht gegen ihn, dass er an der Ermordung von Kriegsminister Theodor Baillet von Latour am 6. Oktober 1848 beteiligt gewesen wäre. Am 10. November 1848 verließ Kürnberger das Haus in Pötzleinsdorf, mit einem gefälschten Pass gelang es ihm, über die Brigittenau unerkannt die Stadt zu verlassen und die Grenze zum Königreich Sachsen zu passieren. Noch 1853 wurde er in Wien steckbrieflich gesucht, erst 1856 kehrte er nach Wien zurück. Was niemand wusste: Im Versteck in der Khevenhüllerstraße hatte Kürnberger zahlreiche Manuskripte, darunter dramatische Dichtungen und die Novelle *Berthold* sowie zahlreiche Hefte aus seiner Gymnasialzeit, zurückgelassen – sie wurden erst nach dem Verkauf des Hauses an Isidor Mautner unter altem Gerümpel wiederentdeckt.

Wir genießen die wunderbare Atmosphäre des Platzes bei einer Tasse Kaffee im Garten, zu der uns der Besitzer eingeladen hat, und plaudern über manch weitere geheimnisvolle Dinge: über den tiefen, nunmehr zerstörten Brunnen und einen unterirdischen Gang, der einst vom Anwesen bis hinunter zur Bäckerei „Zum Türkenloch" in der Pötzleinsdorfer Straße geführt haben soll. Über das schönbrunnergelbe, von Gebüsch dicht umwucherte Biedermeier-Landhaus nebenan, einst Wohnsitz von Käthy und Hans Breuer, das knapp nach der Revolution, um 1850, erbaut worden ist und vor dem Verfall gerettet werden soll.

Und dann gebe es, so unser Gastgeber, noch etwas Spannendes: In einer dreigeschossigen Villa in der Pötzleinsdorfer Straße 126–128 befinde sich die „Horchzentrale" des US-Geheimdienstes NSA – mit dem solle man sich, wie er aus eigener Erfahrung weiß, besser nicht anlegen. Ganz Osteuropa werde von hier aus abgehört, die hier tätigen US-Beamten, eine eigene Community, würden keinen Spaß verstehen …

Wir verstehen nun jedenfalls den schwärmerischen Ton August Angenetters besser, der im *Heimatbuch Währing* vom „lieblichen Flecken Pötzleinsdorf" spricht, von einem „köstlichen Juwel", das umgeben sei von einem „reichen Kranz niemals ganz auszugenießender Schönheiten" – wir pflichten ihm auch ein Jahrhundert später noch gerne bei.

DAS VERGESSENE FERNROHR ZU DEN STERNEN

Erinnerung an vergangene Tage der astronomischen Forschung: der leere Tubus des Coudé-Fernrohrs in einem Nebengebäude der Universitätssternwarte. Die technischen Daten des „Äquatorial-Coudés": 38 cm Öffnung und 25 m Brennweite.

Die Anrainer im Währinger Cottageviertel kennen und schätzen ihn sehr. Wie eine grüne Insel inmitten der Großstadt erstreckt sich der Sternwartepark zwischen Türkenschanzstraße und Littrowgasse. Seit dem April 2013 sind die markierten Wege durch den Park öffentlich zugänglich, an Werktagen zwar nur, aber immerhin. 1973 hatte eine Bürgerinitiave, massiv unterstützt von einer Medienkampagne der *Kronen Zeitung*, eine Volksbefragung über die geplante Verbauung des Parks erreicht; 57.4 % sprachen sich damals gegen das Bauprojekt – den Neubau des Zoologischen Instituts der Universität Wien – aus; Bürgermeister Felix Slavik, Befürworter des Bauvorhabens, trat daraufhin von seinem Amt zurück.

Das knapp sechs Hektar große Areal, das sich im Besitz der Bundesimmobiliengesellschaft befindet, ist ein Stück Wildnis inmitten von Wien geblieben, offiziell ausgewiesen als Naturdenkmal 713. Wer den Sternwartepark betritt, entfernt sich Schritt für Schritt vom Trubel der Großstadt und beginnt seine Sinne auf die wundervolle Farbenpracht und das satte Grün der Natur einzustellen. Bienen summen um uns, Schmetterlinge flattern auf, es ist ein wundervoller Ort zum Innehalten und Durchatmen.

Inmitten dieser prachtvollen Naturlandschaft befindet sich ein der Wissenschaft gewidmeter Ort. Ein Gebäude, in dem man es sich zur Aufgabe gemacht hat, weit entfernte Punkte unseres Universums zu beobachten und zu lernen: die Universitätssternwarte Wien. Sie kann gleich mit zwei Rekorden aufwarten. Als das Observatorium im Jahre 1883 eröffnet wurde, besaß es das zur damaligen Zeit größte Linsenfernrohr der Welt! Diesen Rekord kann es zwar heute nicht mehr für sich in Anspruch nehmen, doch ist es immer noch weltweit das größte zusammenhängende Sternwartebauwerk! Die Ausmaße dieser Kathedrale der astronomischen Forschung sind imponierend: 101 m lang, 73 m breit und 36 m hoch ist der Bau, zu dem am 19. Juli 1874 der Grundstein gelegt wurde. Seine Vorgeschichte reicht lange zurück: Karl Ludwig von Littrow (1811–1877), seit 1842 Direktor der alten Universitätssternwarte am Dach des alten Universitätsgebäudes neben der Jesuitenkirche, die 1753 bis 1754 unter Maria Theresia errichtet worden war, drängte von Beginn seiner Tätigkeit an auf einen Neubau. Rauch, Dunst und Lärm in der Innenstadt erschwerten die Arbeit zusehends. Ein erster Antrag aus dem Jahre1846 ging in den Wirren des Revolutionsjahres 1848 unter, 1850 legte Littrow ein detailliertes Konzept vor, das als Standort den Höhenrücken zwischen Hernals und Währing vorsah, konkrete Schritte blieben jedoch aus. Das änderte sich mit dem 1867/68 fix beschlossenen Neubau der Universität an der Ringstraße: Littrow erhielt den Auftrag, neue Vorschläge zu machen, und nun kam erstmals das Gelände an der Türkenschanze ins Spiel. Die Astronomenversammlung billigte 1869 den gewählten Bauplatz, sah man ihn doch der gefürchteten „Dunstsphäre" der Stadt vollkommen entrückt. 1872 konnte das Gelände vom Aerar um

169.000 Gulden erworben werden, mit der Ausführung der Pläne wurde das Architektenbüro Fellner & Helmer betraut, zum Baumeister Ferdinand Oberwimmer, der Baumeister der Währinger Cottage, bestellt. Man entschied sich nach dem Vorbild der Sternwarte in Berlin für ein Gebäude in Kreuzform mit einer 14 m hohen Hauptkuppel als Mittelpunkt.

Die wichtigsten Instrumente bestellte man bei den Firmen Grubb in Dublin und Alvan Clark in Cambridgeport bei Boston. Grubb lieferte den großen Refraktor, das mit 68 cm Öffnung und 10 ½ m Brennweite größte Linsenteleskop der Zeit, dessen Kosten sich allein auf stolze 80.000 Gulden beliefen. Das Gesamtgewicht des technischen Wunderwerkes mit der Montierung: 18 Tonnen, allein das Objektiv wog 130 kg. Mit einer viermonatigen Studienreise in die USA und nach Großbritannien hatte sich zuvor Littrows Kollege Edmund Weiß (1837–1917) eingehend über den aktuellen Stand im optischen Gerätebau informiert.

Auch die noch einsatzfähigen Geräte der alten Universitätssternwarte wurden in den Neubau transferiert, so ein 6-Zoll (15 cm)-Teleskop von Fraunhofer, das in der Ostkuppel Aufstellung fand, ein Merz-Kometensucher, der in der Nordkuppel montiert wurde, und ein sogenannter „Meridiankreis" von Starke-Reichenbach.

Von einem Pfeiler im Ostflügel aus wurde die Sternwarte 1876 in umfangreichen Vermessungsarbeiten an das Vermessungsdreieck Anninger, Hermannskogel, Hundsheimer Berg angeschlossen und an der östlichen Plattform des Gebäudes ein trigonometrischer Fixpunkt angebracht; die Universitätssternwarte bildet den Längenbezugspunkt Österreichs.

Bereits am 13. April 1880 konnte Direktor Edmund Weiß – Karl von Littrow war im November 1877 gestorben – mit den regelmäßigen Beobachtungen des Himmels beginnen, das erste Objekt seines Interesses: ein Komet mit dem Namen „1880 II".

Der reichste Mann Wiens, Baron Albert von Rothschild, stellte für das „Coudé" 10.000 Gulden zur Verfügung.

Forschung anno dazumal: das Coudé im Einsatz. In der unmittelbaren Umgebung des Gebäudes durfte es keine Bäume geben. Mit der Beobachtung von kleinen Planeten und Kometen wurde 1890 begonnen.

Im Frühjahr 1883 wurde der große Refraktor fertig montiert, die feierliche Eröffnung des Instituts, dessen Gesamtkosten sich auf etwa eine Million Gulden beliefen, wurde schließlich für den 5. Juni 1883 angesetzt. Kaiser Franz Joseph selbst kam zum Festakt, zahlreiche Ehrengäste waren geladen. Direktor Edmund Weiß verwies in der Begrüßung mit dem Hinweis auf die Entsatzschlacht von 1683 auf die historische Bedeutung des Standortes: „An derselben Stelle, wo vor 200 Jahren das Schicksal Europas in heißer Schlacht entschieden wurde, erhebt sich nun ein glänzendes Denkmal der kaiserlichen Fürsorge Eurer Majestät, eine weithin sichtbare Warte, doch nicht dem Kampfe, sondern dem Dienste der Wissenschaft geweiht."

Franz Joseph äußerte sich in seiner kurzen Ansprache „mit Befriedigung" über die Vollendung der Sternwarte und wurde „nicht müde, sich über die Details des Baues und die Handhabung der ihm gezeigten Instrumente zu erkundigen", wie die *Neue Freie Presse* ihren Lesern berichtete. Im Mittelpunkt der Vorführungen stand der große Refraktor: „Director Weiß ließ denselben functionieren, und der Kaiser beobachtete ein Sonnen, ein Kohlenwasserstoff- und ein Natronspectrum." Überrascht zeigte er sich besonders von der leichten Lenkbarkeit und „Verschiebbarkeit" des Rieseninstruments

Zum Abschluss seines Besuches genoss Franz Joseph vom äußeren Teil der großen Kuppel aus den Blick über das Cottage-Viertel und Wien. „Ich habe Mir das neue Cottage-Viertel nicht so schön gedacht", sagte er und ergänzte: „Ich sehe es heute zum erstenmale." Der 53-jährige Monarch zeigte sich

Im Dornröschenschlaf: das „Coudé", die „Nautilus" der Wiener Sternenkunde. Bereits 1909 war eine erste Renovierung notwendig gewesen, die Beobachtungen wurden 1925 eingestellt, der Rost hatte eine Benützung bereits unmöglich gemacht.

jedoch ansonsten gut informiert, nützte die Gelegenheit, um Einzelheiten über den projektierten Türkenschanzpark zu erfahren, und verließ „unter Hochrufen" die Sternwarte Richtung Schönbrunn.

Die Universitätssternwarte in den lezten Kriegstagen

Im Frühjahr 1945 setzte der Krieg dem eher beschaulichen wissenschaftlichen Betrieb an der Sternwarte ein Ende. Beim Fundament des großen Refraktors unter dem Rundsaal wurde eine Rettungsstelle mit Operationssälen eingerichtet, zugleich dienten diese Räume als Luftschutzkeller, in denen bei Luftangriffen auch die Menschen aus den benachbarten Lazaretten Zuflucht fanden. Glücklicherweise blieb die Anlage von schweren Schäden verschont, insgesamt fielen nur 13 Bomben auf das Sternwartegelände. Knapp vor Ankunft der Russen hatte dann irgendwer die Idee, die Umfassungsmauer des Parks als Verteidigungslinie für den Volkssturm zu nützen – tatsächlich besetzten jugendliche Volkssturmmänner die Mauer und wollten hier für den „Führer" sinnlos ihr Leben opfern. In dieser gefährlichen Situation zeigten die Frauen aus der Umgebung Mut und Entschlossenheit: Sie überredeten die jungen Burschen dazu, die Uniformen auszuziehen und die Waffen wegzuwerfen – zusammen mit der Munition wurde das verräterische Zeug hinter der Mauer beim Tor zur Sternwartestraße vergraben.
So wie alle anderen Universitätsinstitute erhält auch die Sternwarte am 1. April 1945 von Viktor Christian, dem Prorektor der Universität, Befehl, alle kostbaren Geräte zu zerstören – eine Wahnsinnsorder, die, wie Zeitzeuge Iwan Nikoloff, damals Student und als wissenschaftliche Hilfskraft angestellt, berichtet, vom Observator Dr. Hans Krumpholz (1883–1966) einfach ignoriert wurde. Es gelang alle wissenschaftlichen Instrumente unbeschädigt zu erhalten. Dem Geschick von Hans Krumpholz und den Russischkenntnissen von Iwan Nikoloff war es vor allem auch zu danken, dass die Russen das „Planetarium" mit höflichem Respekt behandelten und es zu keinen Plünderungen kam. An den Außenwänden des Gebäudes wurden Plakate angeschlagen, auf denen das berühmte „Durchsucht" stand.

Die „Nautilus" der Sternenkunde

Bei unseren Erkundungen im Sternwartepark stoßen wir auf ein aus roten Ziegeln gemauertes Gebäude. Es wirkt auf uns sehr anziehend, schon der äußere Anblick erweckt unsere Neugierde. Als wir den Schlüssel in das Schloss stecken und nach dem Öffnen der Türe die ersten Schritte in das Gebäude setzen, schlägt unser Herz merklich schneller. Ein von alten, bereits verstaubten Spinnennetzen überzogenes Fenster gewährt uns einen verschleierten und trüben Blick in den Sternwartepark, aus dem wir gerade gekommen sind. Wir können es im ersten Augenblick gar nicht glauben. Kindheitsträume werden wahr. Sofort beginnen in unseren Köpfen Filme abzulaufen! *20.000 Meilen unter dem Meer, Reise zum Mittelpunkt der Erde* und *Die Reise zum Mond*. All diese Filme, bei denen wir mit Begeisterung

Ein „lost place" im Sternwartepark: Die optischen Geräte wurden ausgebaut, die verbliebenen Teile rosten vor sich hin.

vor den Leinwänden gesessen sind, um bei dem sonderbaren Treiben und den vielen Abenteuern, die es zu bestehen gab, mit dabei zu sein! Genauso ein Augenblick war gerade jetzt. Vor uns erscheint ein mit dem Staub der Geschichte überzogenes Eisenrohr, dessen Zweck wir erahnen, doch dessen Funktionsweise in uns im ersten Augenblick viele Fragen aufwirft. Wir fühlen uns, als hätten wir die „Nautilus" der Sternenkunde wiederentdeckt. Niemand, der durch den wundervollen Sternwartepark wandert, erahnt, welch seltsames, von Visionären der astronomischen Forschung erdachte Gerät des 19. Jahrhunderts in diesem Gebäude bis in unsere Zeit überlebt hat. Wir, die Smartphonebesitzer, begegnen einem mechanischen Ungetüm der Vergangenheit. Wir sind zum Staunen verurteilt und überglücklich, dass wir diesen Augenblick erleben dürfen. Ein Zeitsprung, direkt hinein in die Welt von Jules Vernes, ein Schritt zurück in die Geschichte Wiens, ausgelöst durch diese visuellen Eindrücke.

Wie das Dornröschenschloss, das auf den Retter wartet und hinter wucherndem Blätterwerk beinahe verschwindet, ist das Gebäude im Westteil des Parks völlig von üppigem Grün umschlossen. Einst war das Gelände rund um diese gewaltige Konstruktion aus Eisen frei von jeglicher Vegetation. Ein freies Sichtfeld zum Himmel war Grundvoraussetzung, um dieses besondere Fernrohr, ein sogenanntes „Coudé", wie wir später erfahren, in Betrieb nehmen zu können.

Die nach ihrem Stifter auch als „Rothschild-Coudé" bekannt gewordene Anlage ist heute ein völlig verrotteter Kasten, der das einstige Wunderwerk so recht und schlecht vor äußeren Einflüssen schützt. So wie der gesamte Sternwartepark befindet sich auch dieses Objekt in der Obhut der Bundesimmobiliengesellschaft. Wir sind also zuversichtlich, dass auch diesem Bauwerk in nicht allzu ferner Zukunft genügend Aufmerksamkeit geschenkt werden wird, um es vor dem Verfall zu bewahren.

Wurden nie abgeholt: die letzten leeren Weinflaschen im Weinkeller des Sternwarteparks.

Der verlassene Weinkeller

Am Rande des Sternwarteparks sind die Reste eines ehemaligen Weinkellers zu sehen. Er ist verschlossen. Bitte versuchen Sie nicht, ihn zu öffnen! Es gibt hier nichts mehr zu finden. Er wurde vor vielen Jahren ausgeräumt und fristet heute ein trostloses Dasein. Mit freundlicher Genehmigung durften wir hier einen Blick hineinwerfen, um Ihnen auch diesen unterirdischen Teil von Wien zeigen zu können.
Der Keller erinnert uns daran, dass sich hier, nahe dem alten Dorf Weinhaus, ehemals Weinberge befanden. Für die „Weinhauser" war der Weinbau bis ins 19. Jahrhundert die wichtigste Einnahmequelle. Noch 1872, zum Zeitpunkt des Ankaufes der Sternwartegründe durch den Staat, wird von einem Wirtshaus berichtet, das dann dem Riesenbau weichen musste.

Im alten Weinkeller am Rande des Sternwarteparks.

DIE BOMBENRUINE UND DER FAHRSTUHL AUS DER VERGANGENHEIT

Ein erster „beweglicher Ort der Moderne" in Wien: der Lastenaufzug von Stigler im Bärringerhof.

Welch schnellem Wandel eine Großstadt wie Wien unterzogen ist, zeigt sich nicht nur an ihren ständig wachsenden Randbereichen. Wien wächst zusehends und überall und mit ihr verändert sich das Erscheinungsbild der Metropole. Unser britischer Gewährsmann Tim Edensor nennt dieses Phänomen *dynamic colonisation of space,* dabei gehe es darum, durch Investment nutzlosen Raum in lukrativen zu verwandeln und lukrativen in noch lukrativeren. In der Stadt gebe es daher keine *terra nullius*, keinen Ort, dem nicht eine nützliche, profitable Funktion eingeschrieben wäre. Wenn man so will, bewegen wir uns bei unseren Erkundungen genau in diesem Spannungsfeld: Wir benennen und zeigen Orte, die heute noch „nutzlos" scheinen, morgen jedoch schon für den Profit „kolonisiert" werden: Altes wird abgerissen oder umgestaltet, freier Raum verbaut. Orte dieser Art finden sich selbst in der City, in der doch jeder Meter Raum als unverrückbar und unantastbar definiert scheint. Auch hier bringt die „dynamische Kolonisierung" so manche Neuerung – ob damit immer auch eine Verbesserung des Erscheinungsbildes der Stadt erreicht wird, möge einmal dahingestellt bleiben.

Das Haus Fischerstiege 9/Salzgries 11–13 besetzt einen Platz von außerordentlicher historischer Bedeutung, verbergen sich hier doch 2000 Jahre Wiener Geschichte: Einst verlief hier die außerhalb der Lagermauer von Vindobona gelegene römische Uferstraße, „An den Gries" nannten im Mittelalter die Schiffsknechte die Gegend, die hier mit ihren Salzschiffen anlegten und nach dem Löschen der Salzladungen die Wirtshäuser unsicher machten. Und genau hier befand sich das Haus „Zum weißen Löwen". Erstmals 1377 erwähnt, wurde es Ende des 16. Jahrhunderts mit dem Schild „Zur Löwenbraut" versehen, der Legende nach von einem gewissen Hans Rechberger, damals angeblich Besitzer der Liegenschaft. Wir erinnern uns: Das ist jene traurige Mär, die von dem Mädchen Berta, der Tochter eines Tierwärters, erzählt, die Freundschaft mit einem weißen Berberlöwen in der Menagerie des Neugebäudes schließt, von diesem aber aus Eifersucht über die Verlobung mit dem Hausbesitzer Hans Rechberger getötet wird. Adelbert von Chamisso hat den Stoff der Sage 1827 in seiner Ballade *Die Löwenbraut* verarbeitet, Robert Schumann vertonte diese 1840 in einem gleichnamigen Lied (op. 31).

Wie dem auch sei: 1651 wird das Haus neu erbaut und als Wirtshaus eingerichtet, bevorzugt besucht wird es von den Brünner Landkutschern, die hier nach staubiger Fahrt Erholung für ihre durstigen Kehlen finden und meist gleich auch übernachten. Aus dem Einkehrwirtshaus wird in der zweiten Hälfte des 19. Jahrhunderts das Hotel „Zum weißen Löwen", 1896 wird es abgerissen.

Nicht unerwähnt soll bleiben, dass im Haus „Zum weißen Löwen" der aus Sachsen stammende Bauchredner und Taschenspieler Steinert um 1781

eine Alchimistenloge installiert, die freimaurerischen Ritualen verpflichtet ist. Aufgrund seiner dubiosen Aktivitäten wird Steinert schließlich aus Wien ausgewiesen und geht nach Preußen, wo er von Staatsminister Johann Christoph von Wöllner protegiert wird und bei Geisterbeschwörungen, die vor König Friedrich Wilhelm II. inszeniert werden, eine Rolle gespielt haben soll.
Anno 1897 lässt der Spitzen- und Weißwarenfabrikant Wilhelm Meinl am Salzgries eine neue Niederlassung für sein Unternehmen errichten. Die Pläne der beiden Architekten Arnold Lotz und Alois Schumacher sind großzügig dimensioniert: Neben dem Hotel „Zum weißen Löwen“ (Konskriptionsnummer 207) müssen zwei weitere alte Häuser dem Neubau weichen: die Konskriptionsnummern 206 (Schildname: „Zum weißen Rössl“) und 208 (ehemaliges Innungshaus der Schuhmachergenossenschaft). Dass damit wieder ein Stück altes Wien verschwindet, kümmert den Textilfabrikanten und seine Planer wenig. Meinl benennt sein neues Domizil nach seiner Heimatgemeinde, dem ehemaligen Bergbauort Bärringen *(Pernink)* im böhmischen Erzgebirge, Bärringerhof; an der abgeschrägten Eckfassade lässt er in Höhe des dritten und vierten Stockwerks das Wappen von Bärringen anbringen – wohl Teil der großen Werbekampagne der Unternehmerfamilie Meinl für Bärringen, das mit ihrer Unterstützung zu einem bekannten Höhenluftkurort und Wintersportplatz aufsteigt.
Als wir im September 2011 erstmals den Bärringerhof betreten, wissen wir noch nicht, was uns erwartet. Hinter seiner unspektakulären Fassade verbergen sich zwei Geheimnisse – einem gut getarnten Versteck gleich, in dem die Schatztruhe zuverlässig vor neugierigen Blicken geschützt ist.

Die letzte Bombenruine der City

Wem es gelingt, einen Blick in den Innenhof des Bärringerhofs zu werfen, der wird sich wundern: Baumbewuchs und Strauchwerk tarnen hier eine Ruine. Doch diese Ruine ist eine ganz besondere! Es handelt sich hierbei um die letzte in Wien sichtbare Bombenruine des Zweiten Weltkrieges. Vom stetigen Wandel der Stadt völlig vergessen, konnte sie hier über sieben Jahrzehnte überdauern. Über ein Stiegenhaus gelangen wir in den Keller, den eigentlichen Zugang zum Hof. Im Licht der Stirnlampe taucht eine Statue auf, nur kurz, denn wir streben vom Geschäftsinhaber geleitet der nächsten Kellertür zu, die eigentlich eine massive Bunkertür ist – ein Zettel klebt an ihr: *Das Betreten des Hofes ist lebensgefährlich und erfolgt auf eigene Gefahr.*
Auf Resten der Ziegelmauern liegen schwere Metallträger, die notdürftig für Stabilität sorgen sollen. Der Rost nagt an allem, was sich ungeschützt im Freien befindet, und verrichtet an den offen liegenden Eisenteilen sein langsames Werk der Zerstörung. Alte verrostete Bunkertüren zeugen noch von der einst hier vorhandenen Schutzzone, in der die Wiener während der Bombenabwürfe der Alliierten und der „Schlacht um Wien“ Zuflucht ge-

sucht haben. Was wir in diesem Augenblick zu sehen bekommen, ist nicht ein Bild auf einem Tablet oder auf einem Smartphone. Es hat auch nichts mit einer langatmigen Fernsehdokumentation zu tun. Und schon gar nicht ist es eine alte Fotografie aus dem Krieg, auf der ein Moment aus dem Wien des April 1945 zu sehen ist! Nein! Es ist ein stilles Zeitfenster, das uns einen realen, bis in diese Stunde vorhandenen Einblick in das zerstörte Wien vermittelt! Ein echter und ohne Filter vor uns liegender wahrhaftiger Ort des Krieges. Ein Wien-in-Schutt-und-Asche-Anblick, den es eigentlich nicht mehr geben dürfte!

Nur fünf Jahre nach dem Erstbesuch, damals hatte sich hier noch die Firma Seidra Textilwerke GmbH befunden, hat sich hier alles völlig verändert. Ein moderner, großzügig und ansprechend gestalteter Schauraum der italienischen Ledermanufaktur „baxter" wurde hier eingerichtet. Der Zeit entsprechend angepasst, wurde für den Baxter Shop Wien ein Generalumbau durchgeführt. Hier bekommt der wohlhabende Kunde, dessen Augen nach einem individuellen Ledermöbel und italienischem Design Ausschau halten, die genau seinen Wünschen angepasste Sitzmöglichkeit. Ein uns aus dem Fenster erlaubter Blick in den Innenhof zaubert uns ein Lächeln ins Gesicht. Sie ist noch immer da, die Ruinenzone. Das Fenster der Erinnerung. Der einzige und nur hier noch mögliche Ort der wirklichen Bewusstseinsbildung. Vorsorglich hat man bereits die Eisenträger mit Schutzfarbe versehen und dem Rost damit Einhalt geboten. Ansonsten ist noch alles unverändert. Ja, man kann und darf hier noch einmal über dieses Fenster in die Vergangenheit blicken …

Nun mit Rostschutzfarbe versehen: Stahlträger sichern die letzte Bombenruine der City.

Der Aufzug aus der Vergangenheit

Antriebstechnik aus der Pionierzeit: offene Kontakte und frei laufende Ketten.

Durch ein unglaubliches Glück noch erhalten ist das zweite Geheimnis des Bärringerhofs, das sich gleich auf zwei Ebenen des Gebäudes erstreckt. Es handelt sich hierbei um einen alten Lastenaufzug. Um eine technische Einrichtung, die einst das Erdgeschoss mit dem Keller verband und den Beschäftigten der Firma Meinl den Transport der schweren Stoffballen erleichterte. Es war ein ausdrücklicher Lastenlift, der für den Personenverkehr nicht zugelassen war. „Mitfahren verboten" steht an der Rückwand der Lastenaufnahmestelle. Im Erdgeschoss des Schauraums der italienischen Ledermanufaktur steht sie immer noch: die offene Kabine des Aufzuges. Mit einem Faltgitter verschlossen, wurde das Kabinenteil als dekoratives historisches Objekt für alle technisch interessierten Menschen im Erdgeschoss fixiert. Eine mächtige Eisenkette hält den Fahrkorb in seiner letzten Station. Er ist nun ein wahrer Hingucker, der den Betrachter, nachdem man ihn völlig unerwartet entdeckt hat, sofort in seinen Bann zieht. Zeuge für einen der ersten „beweglichen Orte der Moderne" (Andreas Bernard) in Wien! Die Aufzugstechnik, aus den USA Ende des 19. Jahrhunderts auf Europa übergreifend, veränderte die Architektur der Kaiserstadt, der „Lift" wurde zum Symbol einer neuen Zeit, es begann die Eroberung der Höhe. Wir finden es bemerkenswert, dass sich gerade hier, auf so geschichtsträchtigem Boden, eine Konstruktion aus der Pionierzeit des Vertikal-Transports erhalten hat. Die Idee dazu hat eine lange Geschichte, auch in Österreich – so ließ sich Maria Theresia, die bedingt durch ihre Körperfülle das Stiegensteigen scheute, im Westflügel von Schloss Schönbrunn einen „Fliegenden Stuhl" einbauen, der durch ein Rad, das von einem Menschen bewegt werden musste, angetrieben wurde. 10 und mehr Personen sollen damit von Stockwerk zu Stockwerk transportiert worden sein.

Im Keller des Bärringerhofs verbirgt sich dann das absolute Highlight. Über eine völlig neue Treppe steigen wir in den einstigen Lagerbereich der Meinl'schen Textilniederlassung ab und stehen einer völligen Neuadaptierung gegenüber: Die gesamte Ebene wurde zu einem attraktiven Ausstellungsraum umgestaltet. Der einstige Lagerkeller ist nun eine große Ebene, in der jedoch der alte Charakter bewahrt geblieben ist. Zum Zeitpunkt unserer Anwesenheit wird dieser nun gut beleuchtete Keller von einem Fotografen als stimmungsvolle Szenerie genützt. Das Ziel unserer Begierde ist jedoch eine völlig anderes. Jeder Aufzug benötigt seinen Motor und seine Steuereinheiten – auch dieser Fahrstuhl. In unserem Fall befinden sich diese Elemente im Keller, auf der untersten Ebene des Hauses. Die beiden alten Türen, welche wir bei unserem ersten Besuch vorgefunden hatten, sind noch da. Mit ein wenig Herzklopfen greifen wir zur Klinke der mit der Aufschrift „Aufzugs- und Triebwerksraum – Betreten verboten!" versehenen Tür. Wieder ist die Freude übergroß. Im Licht unserer Stirnlampen taucht die noch mit Kettenantrieb versehene Krafteinheit des Aufzuges auf, eine Maschine, die man sonst nirgends mehr zu sehen bekommt. An der Türe

Die fix verankerte Liftkabine wurde in einen modernen Verkaufsraum integriert.

Der offene Steuerkreis des Stigler-Lastenaufzugs.

Der Zugang zum Aufzugs- und Triebwerksraum.

hängen die Betriebsvorschriften für Aufzüge. Das elektrische Schaltbild des Führeraufzuges der Firma *Ing. J. d'Ester Fabrik für Aufzüge System Stigler Wien II; Schlachthausgasse 15,* das mit dem Datum 19. 06. 1951 versehen ist, hängt auch noch hier. Auch ein Wartungsheft ist noch vorhanden. Der letzte Eintrag verrät uns, dass hier am 4. 1. 2012 vermutlich die allerletzte Wartung durchgeführt wurde. Inzwischen vergessen, bürgte der Name „Stigler" einst für absolute Qualität in der Aufzugstechnik. „Ich nehme den Stigler", sagte man, wenn man sich das Stiegensteigen ersparen wollte. Der deutsche Maschinenbauingenieur August Stigler (1832–1910) konstruierte zunächst hydraulische Aufzugsmaschinen und gründete in Mailand die „Officina Meccanica Stigler". Bereits 1870 baute er einen ersten Fahrstuhl für das Hotel Constanzi in Rom, Aufsehen erregte er mit dem 38 m hohen *Torre Stigler* in Mailand, dessen Aussichtsplattform mit einem Aufzug zu erreichen war. Nach Niederlassungen in Deutschland und Frankreich entstand auch in Wien eine „Fabrik für Stigler-Aufzüge", die Vertretung für Österreich-Ungarn übernahm der Ingenieur Theodor d'Ester. In ihren Annoncen warb die Firma mit den Argumenten „absolute Sicherheit", „ruhiger, gleichmäßiger, sanfter Gang" und „einfachste, leichte Bedienung" sowie „stoßfreies automatisches Anhalten". 1947 fusionierte das Unternehmen Stigler mit dem amerikanischen Aufzugsbauer Otis.
Historische Fahrstuhltechnik vom Feinsten wird uns hier geboten. Kettentechnik, die mit Unmengen an Schmierfett arbeitete: So wurde der Abrieb vermindert und das Räderwerk am Laufen gehalten. Schön anzusehen sind die offenen Schleifringkontakte – aus heutiger Sicht undenkbar, dass ein elektrischer Betriebsteil ohne Schutzisolierung Verwendung findet, damals war dies jedoch Stand der Technik.
Gerne hätten wir dieses historische Transportmittel in Funktion gesehen. Die Geräusche gehört, die es während des Betriebes von sich gibt, wenn fettgetränkte Räder und Ketten schmatzend ineinandergreifen. Doch die Zeit ist abgelaufen! In dem kleinen Maschinenraum ist Stille eingekehrt. Es ist nur mehr eine Frage der Zeit, bis auch diese alte Museumstechnik einem weiteren Umbauvorhaben weichen wird müssen.

AUS DER KASERNE HINTER DEM GROSSEN TOR

Verstecktes Kleinod im Torgebäude der Kaserne: Durch ein niedriges Türl gelangt man in den oberen Teil der ehemaligen Kapelle.

Wer heute von der Breitenseer Straße kommend den Wachtposten passiert und das Gelände der Vega-Payer-Weyprecht-Kaserne betritt, kann sich kaum des Gefühls erwehren, in eine andere Welt, vielleicht auch in eine andere Zeit geraten zu sein. Irgendwie spürt man, dass die Gegenwart und das weitläufige Gelände mit seinen zahlreichen Bauten nicht ganz zusamenpassen. Ja, man weiß, hier hat das Bundesheer seine Heereslogistikschule eingerichtet, in der Stille des sonnig-heiteren Nachmittags strahlt die Anlage jedoch einen seltsamen Glanz aus, nicht Nüchternheit und Präzision des modernen Militärbetriebs sind zu spüren, sondern das Flair der alten k. u. k. Armee. Mit Stolz konnte man einst behaupten: In der Wiener Vorstadt in Breitensee steht die europaweit modernste Reiterkaserne, die Kaiser-Franz-Josephs-Kavalleriekaserne. Das Wiehern der Pferde, das laute Hufgetrappel und die knappen Kommandorufe der schneidigen Reiteroffiziere sind längst verklungen, verweht der strenge Geruch nach Pferden, der über den Höfen und Ställen gelegen haben mag, dennoch: Man würde kaum überrascht sein, plötzlich einen Trupp Ulanen oder Husaren einrücken zu sehen, so eng scheint dieser Ort mit seiner ursprünglichen Funktion noch immer verbunden.

Bis in die erste Hälfte des 18. Jahrhunderts gab es in Wien keine Kasernenbauten, erst mit den Heeresreformen unter Maria Theresia, geprägt vom Nützlichkeitsdenken der Aufklärung, hielten die Militärs Einzug in den Vorstädten und schufen sich hier Welten nach ihrer Fasson. Die „große" Breitenseer Kaserne, zu der ja einst auch der Teil auf der anderen Seite der Breitenseer Straße, die spätere Biedermann-Huth-Raschke-Kaserne, gehörte, entstand im Zuge der so genannten „Wiener Kasernentransaktion", mit der die alten Kasernen in unmittelbarer Nähe der Innenstadt weiter an den Rand der rasch wachsenden Metropole verlegt wurden. So ersetzte die Kaiser-Franz-Josephs-Kavalleriekaserne die alte Kaserne in der Josefstadt, mit ihrem Bau wurde 1901 begonnen, anlässlich ihrer Fertigstellung resümierte die Zeitschrift *Der Bautechniker* trocken: „Die äussere Architektur dieser Bauten zeigt meist die sogenannte ‚Moderne', jedoch in mässiger Behandlung."

1904 konnten die ersten Truppenkörper, das Husarenregiment „Arthur Herzog von Connaught und Stratheam" Nr. 4, kurz auch „Viererhusaren" genannt, und ein „Ersatzdepotkader" des Dragonerregiments „Friedrich August, König von Sachsen" Nr. 3, kurz „Dreierdragoner", hier Garnison beziehen. Auf die Reitersoldaten des Kaisers wartete ein sorgfältig durchdachtes, großzügig angelegtes Ensemble: Neben acht offenen Reitschulen und drei gedeckten Reithallen gab es hier Stallungen, Hufschmieden, Sattelkammern, Werkstätten, Wagenremisen und die Mannschaftswohngebäude. Sogar an Separees für die kostbarsten Vierbeiner des Regiments hatte man gedacht: Für die Pferde der Offiziere standen eigene Stallräume

zur Verfügung und Privilegien gab's auch für die Offiziere selbst: Für sie errichtete man eine Wohnanlage in der Maroltingergasse, auch das obligate Offizierskasino fand hier Platz.
Im großen Torgebäude, in dem bis heute die Wache untergebracht ist, wurde eine Kapelle als Betraum eingerichtet. Ihr gilt unser Besuch, ist sie doch ein wundervolles Kleinod, das in den letzten Jahren nur von wenigen Menschen gesehen wurde! Eines gleich vorweg: Dieser Bereich ist nicht öffentlich zugänglich und ein Besuch aus diesem Grund auch nicht möglich. Aufgrund der großen Wertschätzung, die man hier unseren Forschungsarbeiten entgegenbringt, wird es uns jedoch mit einer ausdrücklichen Sondergenehmigung gestattet, diesen Ort zu betreten.
Über eine quadratische Tür steigen wir in den Dachbereich des Torgebäudes ein. Wir versinken gleich tief in der Glaswolle, die hier zur Wärmedämmung über den ganzen Boden des Raumes eingearbeitet wurde. Durch ein großes Fenster, von dem aus man direkt auf den Appellplatz der Kaserne blicken kann, dringt Licht herein. Nur zögernd und ganz langsam bewegen wir uns in diesem unglaublich stimmungsvollen Raum vorwärts – Mystik pur! Die Glaswolle hat es in sich! Wir wollen so wenig wie möglich Staub aufwirbeln, da das Einatmen der Glaswollefasern alles andere als gesundheitsfördernd ist.
Faszinierend ist der vergessene Betraum der k. u. k. Armee allemal – Christa Veigl nennt ihn in ihrer Studie über die Breitenser Kaserne „einen interessanten Beitrag zu den Erneuerungsbestrebungen religiöser Kunst um 1900“, auf den Schöpfer der künstlerischen Ausgestaltung gibt es jedoch

Mystik pur: der von einem unbekannten Künstler gestaltete Betraum, charakteristisch für die Erneuerungsbestrebungen in der sakralen Architektur um 1900.

keinen Hinweis. An den Wänden befinden sich die Skulpturen mehrerer Mädchengestalten, die einen Nonnenschleier tragen. Sie halten die Hände zum Beten gefaltet, ihr Blick ist andächtig nach unten gerichtet – für die hartgesottenen Husaren, Dragoner und Ulanen muss das fürwahr ein erhebender Anblick gewesen sein! Die betenden Mädchen, aber auch die mit Blumen verzierten Bögen sind in einem zarten Farbton bemalt worden. Alles hier erinnert uns ein wenig an feinsten Zuckerguss oder auch an Windbäckerei, wie sie auf dem Christbaum Verwendung findet. Die wundervollen Wandverzierungen weisen schon einige Blessuren auf. Abseits jeglicher öffentlicher Wahrnehmung wird die Stille dieses eigenartigen Raumes vermutlich die nächste Zeit über nicht mehr gestört werden. In der Kaserne ist er zumindest vor Vandalismus bestens geschützt.

Mr. Roosevelt kommt nach Breitensee

Der neue Kasernenbau in Breitensee stieß auch international auf großes Interesse. So traf hier am 15. April 1910 der amerikanische Ex-Präsident Theodore Roosevelt zu einem Besuch ein, der ehemalige *Colonel* der legendären *Rough Riders* hatte sich während seines Wien-Aufenthalts diese Exkursion in die k. u. k. Kasernenwelt speziell gewünscht. Nach einem Besuch bei Kaiser Franz Joseph in der Hofburg und einem Abstecher in die Spanische Hofreitschule ließ sich der Ex-Präsident im kaiserlichen Automobil hinaus in den Vorort kutschieren, auch für den Reporter der *Neuen Freien Presse* ein Ausflug in die Fremde: „Die Kaserne liegt ganz am

Ende der Breitenseerstraße. Bis hieher ist's eine ganze Reise: durch die Westbahnstraße in die endlose Märzstraße, dann am grünen Plan der Schmelz vorbei, an deren Rand die letzten Wienerwaldhügel und die letzten Großstadthäuser mit einander zu ringen scheinen. Bei jeder Biegung meint man, nun höre die Welt endgültig auf, doch es fängt immer wieder eine andere an. Und zwar eine altmodische, halb vorstädtische, halb ländliche und dazwischen wächst die heutige Zeit hervor."

Zum Zeitpunkt des Roosevelt-Besuches ist in der Kaserne das ruhmreiche Husarenregiment Nr. 1 „Kaiser Franz Joseph" stationiert, kurz auch „Kaiserhusaren" genannt, die 1908 die „Viererhusaren" abgelöst haben. Regimentschef Oberst Artur Ritter Peteani von Steinberg begrüßt den US-Zivilisten, der Zylinder trägt, mit „Herr Oberst!", 106 Husaren, die 5. Eskadron unter dem Befehl von Rittmeister Eugen von Bogyay, sind zu Ehren des Gastes in entwickelter Linie und Marschadjustierung angetreten. Roosevelt, so berichtet die *Neue Freie Presse*, zeigt sich sachkundig und sehr interessiert, er scheut sich auch nicht, die seiner Ansicht nach zu schweren Kavalleriestiefel der Österreicher zu kritisieren, verfolgt dann aber mit Wohlgefallen deren Vorführungen: „Zuerst in Marschkolonne und daraus die Formierung in Linie zur Attacke. Im Schein der untergehenden Sonne ist das ein wunderschöner Anblick. Es ist aber auch eine tadellos exakte militärische Vorführung, um so mehr, als der Raum begrenzt ist. Als dann die Eskadron unter Hurra-Rufen zum Angriff vorgeht und knapp vor Roosevelt wie eine Mauer still steht, strahlt sein rotes lebhaftes Gesicht. Er lacht und klatscht Beifall. Es ist ihm deutlich anzumerken, dass der Anblick seinem Reitergemüt Freude macht."

Ein neugierig-kritischer Gast: Ex-Präsident und „Rough Rider" Theodore Roosevelt bei seinem Besuch in Breitensee.

Mr. Roosevelt lässt es sich auch nicht nehmen, die Ställe zu inspizieren, selbst Sattelkammer und Hufschmiede werden besucht, alle Details gründlich von ihm studiert; in der gedeckten Reitschule demonstrieren die Husaren ihre Reitkünste, kritisch kommentiert vom Gast aus Übersee.

Oberst Peteani lädt Roosevelt abschließend zu einem Essen im Speisesaal der Offiziersmesse und bringt in Deutsch und Französisch einen Trinkspruch auf den „Helden seines Volkes" aus, dieser revanchiert sich „mit einigen herzlichen Worten" und steigt mit seiner Begleitung wieder in das kaiserliche Automobil, „man salutiert und lüftet Zylinder", dann ist der „interessante bürgerlich-militärische Nachmittag" zu Ende, in der Kaserne in Breitensee kehrt wieder der Alltag ein, der etwas mehr als ein Jahr später eine dramatische Unterbrechung erfährt: Am 17. September 1911 kommt es zur „Teuerungsrevolte“, die Kaiserhusaren sind unter jenen Assistenztruppen, die gegen die demonstrierende Wiener Bevölkerung eingesetzt werden – und die feschen Reiter, die den Namen des Kaisers tragen, zögern nicht, gegen die unbewaffnete Menge entlang der Ringstraße und im Rathausviertel Attacke zu reiten. Zahlreiche Tote und Verletzte sind zu beklagen, ein blutiges Kapitel, das nur allzu gern verdrängt und vergessen wird.

Aus der Kaserne in Krieg und Bürgerkrieg

Drei Jahre später ist es mit dem Friedensbetrieb vorbei: Die Kaiserhusaren müssen nach Galizien in den Krieg gegen die Armee des Zaren ziehen, der Blutzoll im Herbst 1914 ist hoch. Mitte April 1915 rückt dann in Breitensee ein recht eigenwilliger junger Mann als „Einjährig-Freiwilliger“ ein, sein Vater hat ihm ein Pferd gekauft, einen Apfelschimmel, den er „Glückskind“ nennt. Heimito von Doderer, so heißt der junge Reitersmann, erlebt hier in Breitensee seine Rekrutenausbildung und nützt die freie Zeit zu Ausritten: hinaus zum Hütteldorfer Brauhaus oder zu „Dolls Weinhaus“ in Ober St. Veit. Im Juni 1916 geht es dann aber auch für ihn und „Glückskind“ an die Front im Osten – und wenig später in die Kriegsgefangenschaft in Sibirien. Nach dem Zusammenbruch der Monarchie quartierten sich die Bataillone XI, XXVII und XXVIII der Volkswehr, gebildet aus der Ersatzschwadron des Dragonerregiments Nr. 3, in der Kaserne ein, nach der Auflösung der Volkswehr 1920 zog das Bundesheer der jungen Republik mit der Dragonerschwadron Nr. 2, der Telegraphenkompanie Nr. 2 und der Brigade-Artillerieabteilung Nr. 2 auf dem Gelände der k. u. k. Reitersoldaten ein. Die große Reitwiese ging dem Militär allerdings verloren – hier errichtete man nun 1930 bis 1932 zwei Gemeindebauten (Breitenseer Straße 110–112 bzw. 106–108), eine Konstellation, die in den Tagen des Bürgerkrieges im Feb-

Charakteristisch sind die zarten Farbtöne: Detail des Betraums.

Für die hartgesottenen Husaren, Dragoner und Ulanen fürwahr ein erhebender Anblick: die betenden Mädchen.

ruar 1934 ihre dramatische Zuspitzung fand: Angehörige des Republikanischen Schutzbundes eröffneten am 13. Februar aus dem Gemeindebau das Feuer und versuchten zur Kaserne vorzustoßen, die von der Telegraphenkompanie und den Artilleristen „verteidigt" wurde, die Dragonerschwadron Nr. 2 war in die Innenstadt abkommandiert, um die Regierungsgebäude zu sichern. Die Soldaten in der Kaserne brachten Maschinengewehre in Stellung und hielten damit die „Schutzbündler" in Schach, Polizeikräften und der Heimwehr blieb es überlassen, die „Roten" im Gemeindebau endgültig „auszuschalten", zahlreiche Männer wurden verhaftet.

Nach dem „Anschluss" 1938 okkupierte die deutsche Wehrmacht die Kaserne und nützte sie während des Zweiten Weltkrieges vor allem für Ersatz- und Ausbildungstruppenteile der Nachrichtentruppen. Aus dem Artillerieregiment Nr. 2 des Bundesheeres wurde das Artillerieregiment 109 gebildet, das mit der 44. Infanteriedivision, der „Reichsgrenadierdivision Hoch- und Deutschmeister", auf die Schlachtfelder Europas ziehen musste. Nach Kriegsende fiel Breitensee in die französische Besatzungszone, die Kaserne wurde zum Stützpunkt des 4. Regiments *Spahis Marocains,* das ursprünglich eine berittene Kolonialtruppe gewesen war. Die *cavaliers de l'armée d'Afrique* bleiben bis 1955, dann zieht nach und nach wieder das Bundesheer ein.

1967 kommt es zur Teilung der Kasernenanlage: Der Teil auf der Westseite der Breitenseer Straße wird im Gedenken an die bedeutenden österreichischen Polarforscher zur Vega-Payer-Weyprecht-Kaserne, der Teil östlich der Straße, die „Kleine Breitenseer Kaserne", erhält in Erinnerung an die knapp vor Kriegsende von den Nazis am Floridsdorfer Spitz ermordeten Widerstandskämpfer den Namen Biedermann-Huth-Raschke-Kaserne – sie ist bereits Geschichte: 2013 wird das Areal vom Verteidigungsministerium verkauft, Eigentumswohnungen und eine Schule sollen hier entstehen.

WO EINST LANNER MUSIZIERTE: HIETZING, AM PLATZ

In der Kellerwelt unter „Brandauers Schlossbräu“: Vom vergessenen Heizhaus bis zum emaillierten Nudelsieb ist alles noch vorhanden.

Preiselbeer-Ingwer-Limonade, natürlich hausgemacht, 0,5 Liter: 4,30 Euro. Alt-Wiener Zwiebelrostbraten mit Braterdäpfeln, Röstzwiebeln und Fächergurkerln: 17,40 Euro.
Brandauers Zwickl unfiltriert und naturbelassen, exklusiv gebraut von der Zwettler Privatbrauerei, Stammwürze 12,5 °, Alkoholgehalt 5,5 %. 0,5 Liter: 4,20 Euro.
Wir befinden uns in „Brandauers Schlossbräu“. Die Speisekarte liest sich wie ein Wanderführer durch das kulinarische Österreich. Die Zeitung, die jeder Gast im Lokal auf dem Tisch vorfindet, *'s Bierige Blattl*, das „Journal für den Bier-Genießer“, so der Untertitel, lässt bereits beim Durchlesen das Wasser im Mund zusammenfließen. Wer die hallenartige Atmosphäre eines Münchner Bierhauses liebt, findet hier im „Brandauer“, Am Platz 5 des 13. Bezirkes ,die Wiener Antwort darauf und genau das richtige Lokal, um aus einer Speisekarte, die ein deftiges Wiener Mittagessen verspricht, zu wählen.
An der Hausfassade prangt der große Schriftzug: „Brandauers Schlossbräu“. Mit wenigen Schritten durchschreitet man den Durchgang und gelangt in das Gastgartenareal. Von hier betritt man den großen Schönbrunner-Saal, in dem heute die Gäste essen. Schon im ersten Augenblick verspürt man den besonderen Glanz, der hier in diesem alten Biedermeiertanzsaal einst vorgeherrscht haben muss.
Während es im Schönbrunner-Saal beim Mittagessen gemütlich zugeht und die Kellner die zahlreichen Gäste sehr zuvorkommend bedienen, steigen wir ein Stockwerk tiefer. Wir sind nun fernab der sich zuprostenden Menschen. Dem lauten Stimmengewirr zwischen: *Hat's den Herrschaften g'schmeckt? Darf's noch a Glaserl Wein sein? Bitte sehr, der Herr, Ihre Pinzgauer Kaspressknödelsuppe!, d*em lauten Treiben der Gasthausatmosphäre entschwunden, wird es um uns immer stiller. Die Küche passierend, steigen wir eine geschwungene Treppe hinab. Sie führt hinunter in ein Kellergewölbe.
Wer glaubt, dass aufgrund der hohen Raumdimensionen im Gästebereich der Keller genauso hohe Räume aufweist, wird sofort eines Besseren belehrt. Die Kellergänge und -räume sind eher durch kleine Höhen und Raummaße geprägt. Diese hier noch immer vorhandene Unterwelt wird heute nicht mehr genutzt. Es ist unpraktisch geworden und viel zu kompliziert. Warum sollte man auch in den Keller absteigen? Alles in einer Ebene. Alles sehr schnell und rasch bereitstellen zu können, ist das Motto der zeitgemäßen Gastronomie. Der Keller ist zum Ort des Vergessens erklärt worden – keiner braucht ihn, keiner will da mehr hinunter. Seinen einstigen hohen Stellenwert hat er aufgrund von modernen Kühlzellen, die im Erdgeschoss errichtet wurden, völlig verloren. Nur für die Kühl- und Getränkeleitungen, die das Bierlager mit der zentralen Ausschank verbinden, wird er noch genutzt. „Pythons“ werden die bis zu 10 Zentimetern starken Leitungen genannt, in

War mit einem schweren Kurbelrad in Gang zu setzen: Die stillgelegte Kettenwinde bewältigte bis zu 300 kg.

denen durch eine Vielzahl von kleineren Kunststoffschläuchen das kühle Getränk zum goldenen Hahn transportiert wird. „Python?“ In der Tat sehen diese dicken, mit schwarzem Isoliermaterial ummantelten Leitungen wie gewaltige Pythonschlangen aus! Sie schlängeln sich an Decken und Wänden montiert durch die verlassenen Kellergewölbe von Wien.

Einmal im Keller angekommen, sind wir sofort hellwach und die Sinne schärfen sich. Wir spüren förmlich den Ruf, der uns zu Entdeckungen antreibt, und tauchen in die Vergangenheit dieser unterirdischen Welt ein. Im ersten Teil ist das elektrische Licht noch funktionstüchtig. An einer Wand lehnt eine große doppelte Holzpalette, die wir zur Seite heben. Vor uns befindet sich ein gewaltiges Loch! Ein Loch, das durch die Wand gebrochen wurde und uns die Möglichkeit gibt, einen schon seit vielen Jahrzehnten nicht mehr genutzten Bereich betreten zu können. Nachdem wir die vielen Spinnennetze mit einem abgebrochenen Besenstiel entfernt haben, steigen wir durch den Wanddurchbruch. Neben uns befindet sich eine alte Kühlkammer. Die Türe steht offen. Im Kühlhaus steht noch ein Hocker. Ansonsten wurde sie komplett ausgeräumt! An den beiden Längswänden erblicken wir die fixen Haken, auf denen einst das Fleisch und andere Lebensmittel aufgehängt wurden. Zwei „mobile“ Fleischerhaken hängen auch noch da. An der Innenseite der Kühlhaustüre sind drei Listen zurückgeblieben. Hier lesen wir: *Fisch-, Käse- und Milchprodukte. Bitte jeden Zu- und Abgang eintragen!*

Vom stillgelegten Kühlhaus führt ein kurzer Gang zu einer Treppe, welche einst nach oben führte. Nun ist hier der Ausstieg verschlossen. Die Treppe

ist wertlos geworden. Wir verlassen diesen Teil des Kellers und folgen einem anderen Gang, in dem wir an Mauernischen vorbeikommen. Hier liegen alte Fassringe, die vor sich hin rosten. Der Keller weist mehrere Raumerweiterungen auf, wo Dinge und Gegenstände für immer abgestellt wurden. Leere Maresiflaschen. Die Milch für den Kaffee, die es bereits bei unserer Großmutter gab! Neben alten Gläsern und Geschirrresten fand hier so ziemlich alles, was man nie wieder verwenden wollte, seine letzte Ruhestätte: ein alter Durchlauferhitzer; die letzten Reste eines Christbaumes, auf dessen Stamm noch das Christbaumkreuz befestigt ist. Teile von Betteinsätzen, Paletten, kleine Tische und Sessel, Kassen. Pissoirmuscheln, die einst demontiert, jedoch immer noch intakt und unbeschädigt hier unten abgelegt wurden. Sie tragen noch das Herstellerzeichen der Ostmarkkeramik *Made in Germany*. Bei einer der hintersten Stellen gelangen wir zu einem stillgelegten Heizofen, dem einstigen Wärmzentrum des Gebäudes. Ein Rest der Kohlen, mit denen er einst befeuert wurde, ist noch immer vorhanden. Zu unserer allergrößten Freude zählt jedoch die Entdeckung eines sehr alten und vollmechanischen Lastenaufzuges. Er war nur mit Muskelkraft zu betreiben und hatte noch keinen elektrischen Antrieb. Ein wunderschönes Teil mit einem schweren Kurbelrad. Die Kraftübertragung erfolgte über schwere Eisenketten! Die Tragkraft betrug 300 kg.

Der heute so nutzlos gewordene Keller unter der Welt des fröhlichen Genießens wartet auf sein Wiedererwachen. Wenn die Zeit gekommen ist, wird man sich an ihn erinnern!

Alles, was man nie wieder verwenden wollte, fand hier seine letzte Ruhestätte.

BANKSCHLIESSFÄCHER ERZÄHLEN

Noch gut an ihrer hellen Farbe erkennbar: die von den Rotarmisten zerschossenen Schließfächer im Saferaum der Bank Austria.

Bis zum Frühjahr 1945 war das Geschäft der Wiener Banken nicht schlecht gelaufen. Trotz der Bombenschäden und des Verlusts von Auslandsbeteiligungen hatte etwa die Creditanstalt-Bankverein für das Jahr 1944 einen „hohen Bruttogewinn" (Gerald D. Feldman) ausgewiesen, eine Dividende von 6 % konnte ausgeschüttet werden. Die Erstellung der Bilanz wurde allerdings vom Vorstand hinausgezögert, man wollte zuvor ein klares Bild von den Auswirkungen des Krieges gewinnen. Inzwischen verschärfte der Bombenkrieg die Lage: Am 21. Februar 1945 wurde das Hauptgebäude der Creditanstalt-Bankverein in der Schottengasse von vier Bomben getroffen, der Sachschaden war zwar enorm – betroffen waren auch Hauptbüroräume und das sogenannte „Oktogon" –, es gab jedoch keine Toten oder Verletzten. Die Kunden, so konnte man an die Deutsche Bank in Berlin berichten, würden weiterhin bedient, die Tresore mit den Depots seien unversehrt. Weniger Glück hatte die Zentralsparkasse der Gemeinde Wien, auch sie so wie die CA ein Vorgängerinstitut der heutigen Bank Austria: Beim verheerenden Luftangriff vom 12. März 1945 kamen 39 Angestellte ums Leben, darunter auch einige Abteilungsleiter der Hauptanstalt. Zahlreiche Bankfilialen mussten schwere Schäden beklagen, in der Endphase der „Schlacht um Wien" kam es zu Plünderungen: Kassenschränke wurden aufgebrochen und Geldkassen ausgeräumt. Für die Bargeldbestände der Banken interessierten sich auch die Sowjets, die vorhandenes Geld gerne „konfiszierten". Im CA-Hauptgebäude kam es dabei zu einer wilden Szene: Auf der Suche nach Bargeld und Wertsachen drang ein Trupp Rotarmisten in den Saferaum der Bank ein – da das Öffnen der Schließfächer nicht schnell genug vor sich ging, eröffneten die Russen aus ihren Maschinenpistolen das Feuer und demolierten zahlreiche Schließfachtürchen, die später erneuert werden mussten. Die Spuren des Vorfalls vom April 1945 ließen sich aber nicht ganz verwischen – die neuen Abdeckungen wiesen eine etwas andere Farbe auf. Bis heute erinnern sie an die dramatischen Tage des Kriegsendes …

Noch hängt hier die Hakenkreuzfahne: Blick in das sogenannte „Oktogon", den Generalversammlungssaal der Creditanstalt-Bankverein am Schottenring, im Frühjahr 1945.

DER SELTSAME HASCHAHOF AM RANDE DER STADT

Umstrittene Backsteingebäude: der aus der Zeit um 1900 stammende Haschahof in Rothneusiedl.

Er liegt so richtig am Rande der Stadt, im „Stadtentwicklungsgebiet". Der große Haschahof in Rothneusiedl, das letzte Gutsgebäude Wiens. Um die Jahreswende 2015/16 ist das charakteristische Backsteingebäude, ein *lost place* der Wiener Landwirtschaft, in aller Munde, die Wogen gehen hoch – es soll abgerissen werden! Auf den Feldern des historischen Gutshofes wurde von 1987 bis 2015 ein Selbsternteprojekt betrieben, auf gepachteten Parzellen konnte man nach den Richtlinien des biologischen Landbaus – Verzicht auf künstlichen Dünger und auf Schädlingsbekämpfungsmittel sowie genmanipuliertes Saatgut – Obst und Gemüse anbauen. Dann kam plötzlich das Ende für dieses Projekt: Der Haschahof wurde an den Wohnfonds Wien verkauft, der Ende 2015 den Abbruch des gesamten Ensembles – immerhin zehn Gebäude umfassend – beantragte. Das Vorhaben rief nicht nur die Denkmalschützer auf den Plan: Im Jänner 2016 besetzten Aktivisten der „Evolutionären Randgruppe" (kurz „Evora") das Gebäude, ihre Forderungen: „Wir verlangen, die ungenutzten Grünzonen Wiens zu benutzen und zu beleben, weil wir gegen Leerstand, Spekulation und den Ausverkauf von in Gemeindebesitz befindlichen Gütern sind. Deshalb fordern wir ein Grundstück mit Häusern und großen Grünflächen für die Verwirklichung unserer gemeinsamen Interessen." Mit einem Flyer warben die Besetzer um Unterstützung: „Hallo liebe Nachbarinnen und Nachbarn. Wir, Evora, sind in den Haschahof eingezogen und wollen damit unseren Protest gegen die kurzsichtige Verbauungspolitik und deren anscheinende Aufwertungspolitik ausdrücken. Menschen leben auf der Straße, Häuser stehen leer und die wertvolle Ressource Boden wird versiegelt?? Nicht mit uns!! Kommt vorbei, lernt uns kennen und bildet euch eure Meinung."

Der Wohnfonds Wien hat für die Aktion wenig Verständnis und beantragt die Räumung des Geländes – gleich 100 Polizisten marschieren am 6. Februar 2016 auf, darunter die Spezialeinheit WEGA, nach einer halben Stunde ist alles vorbei, die Besetzer verlassen freiwillig den Hof. Im März 2016 folgt der Rückschlag für die Denkmalschützer: Die Prüfung durch das Bundesdenkmalamt ergibt, dass es *nicht* notwendig sei, den Haschahof unter Denkmalschutz zu stellen – das Damoklesschwert Abrissbirne schwebt weiter über dem Anwesen.

Wir haben jedoch eine andere Spur aufgenommen: Auf einem Feld, gleich neben dem Gutshof, erkennen wir mehrere aus Beton gefertigte Eingänge zu einem Luftschutzbau aus dem Zweiten Weltkrieg, einem Splitterschutzdeckungsgraben. Offenbar wollte man diesen unterirdischen Bereich zu einem späteren Zeitpunkt einer Nachnutzung zuführen, vermutlich als Lagerraum. An der Betondecke der Gänge sind Plastikrohre und ein Lüftungsmotor befestigt worden. Heute ist hier alles verlassen und zum Teil mit allerlei Müll belegt. Ein zerlegtes Fahrrad findet sich hier ebenso wie ein Selbstaufbau-Zelt.

Der landwirtschaftliche Zweckbau besitzt durchaus auch ästhetische Qualitäten.

Die Existenz dieser Luftschutzanlage beweist uns, dass dem Haschahof für die Versorgung der Stadt während des Krieges große Bedeutung zukam und hier zahlreiche Menschen arbeiteten, wohl auch Fremdarbeiter, weshalb man einen Schutzbau für notwendig hielt. Rothneusiedl, das bis 1938 eine eigenständige Gemeinde war, dann Teil von „Groß-Wien" wurde und heute zum Bezirk Favoriten gehört, war für seine teilweise „roten" Böden bekannt, angeblich soll auch das „Roth" im Namen daher stammen.
Der Gutshof selbst stammt aus der Zeit um 1900; 1920 begann der Gemüsebaupionier Thomas Hascha in der „Gutspachtung Rothneusiedl" mit der Landwirtschaft; bereits 1922 übernahm, wie wir auf der Homepage des Haschahofs lesen können, sein Bruder Jaro Hascha den Hof. Thomas Hascha, später zum Ökonomierat ernannt, wechselte vom Süden Wiens ins Marchfeld und konzentrierte sich auf neue Aufgaben in der „Gutspachtung Aspern"; 1931 erwarb er die „Haschavilla" in der Benjowskigasse 53, ursprünglich ein Jagdschloss der Familie Portois. Der „stets freundliche Herr Hascha" soll, wie die Chronik der Pfarre Aspern berichtet, ein Asperner Original gewesen sein, bekannt als „Zuckerl-Onkel", weil er seinen Gesprächspartnern bei jeder Gelegenheit ein Zuckerl anzubieten pflegte. Zur „Gutspachtung Aspern" gehörte neben zahlreichen Grundstücken auch ein ehemaliges Flugfeld, eine Straßenbahnhaltestelle zwischen Neu-Aspern und Hirschstetten-Ostbahn trug den Namen „Haschafeld".

Einer der Einstiege in den Splitterschutzdeckungsgraben hinter dem Haschahof.

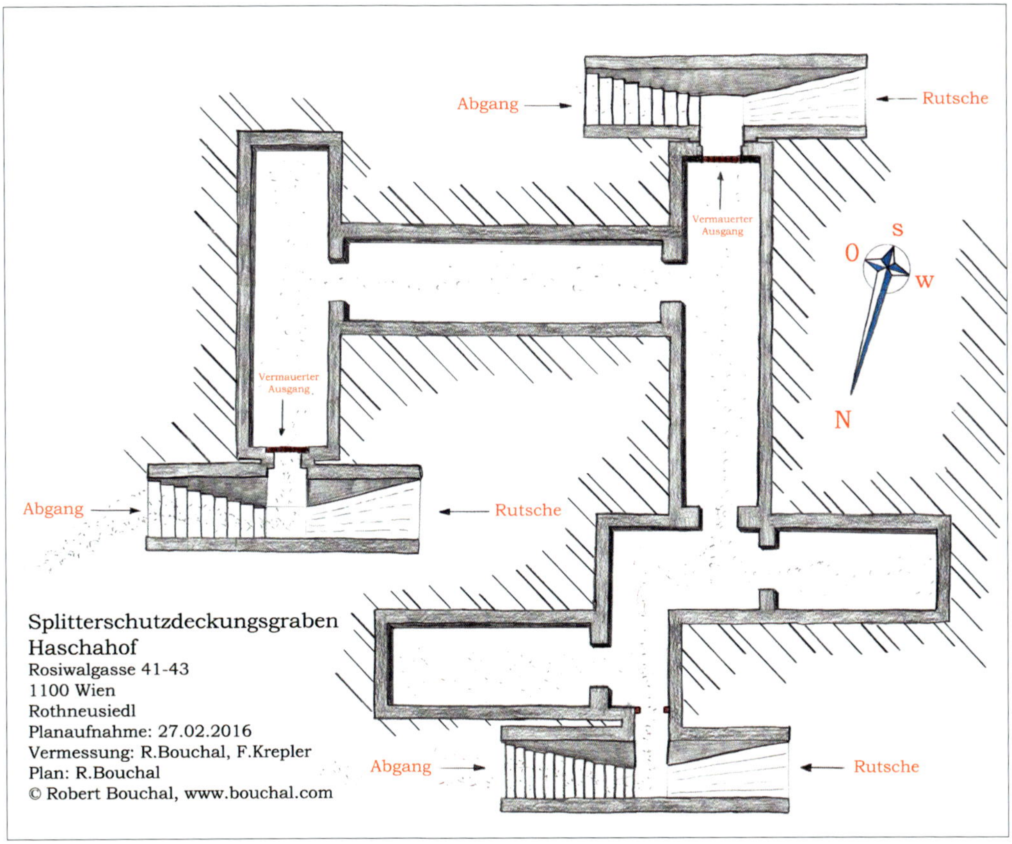

Der unterirdische Schutzbau hinter dem Haschahof im Grundriss.

Zurück nach Rothneusiedl: „Extensive Milchwirtschaft, Schweinehaltung und Anbau von Getreide, Gemüse und Zuckerrüben" bildeten die Grundlagen des Haschahofs Die Viehhaltung wurde 1965 eingestellt, 1980 übernahm Jaros Sohn Rudolf Hascha den Hof und begann als einer der ersten Landwirte in Wien mit der Umstellung auf biologischen Landbau, 1987 gründete er das erwähnte Selbsternteprojekt.

Die Felder, auf denen einst mit viel Hingabe, Fleiß und Ehrgeiz gearbeitet wurde, sind heute sich selbst und der Willkür der Natur überlassen – eine Ressource, die unnötig brachliegt. Bleibt zu hoffen, dass tatsächlich passiert, was die Politik verspricht: dass der Gebäudekomplex des Haschahofes, sein einzigartiger Charakter und seine Atmosphäre erhalten bleiben und sinnvoll in die neue Nutzung des Stadtentwicklungsgebietes – wie immer die aussehen mag – integriert werden.

DAS GEHEIMNIS DES GENERATORENRAUMS AUF DEM BISAMBERG

Die vor der Zerstörung gerettete Kraftanlage des Senders am Bisamberg ist bestens erhalten.

Freitag, 13. April 1945. Die „Schlacht um Wien" ist geschlagen, die deutsche Wehrmacht ist auf dem Rückzug, in Moskau wird zur Feier des Sieges mit 24 Salven aus 324 Geschützen Salut geschossen. Im Roten Salon des Wiener Rathauses treffen sich sozialdemokratische Politiker und der Christlichsoziale Leopold Kunschak zu einer ersten Besprechung über die Zukunft der Stadt. Der Stephansdom ist eine glimmende Brandruine, in den Straßen liegen Tausende Tote, Sowjetsoldaten durchsuchen Häuser und Keller, letzte versprengte deutsche Gruppen werden zur Aufgabe gezwungen. Aus Berlin meldet sich Hitler bei seinen Soldaten mit einem „Führeraufruf": „Berlin bleibt deutsch, Wien wird wieder deutsch; Europa niemals russisch!", tönt es aus den Wehrmachtsempfängern – in Wien kann man Hitler allerdings nicht mehr hören, der „Reichssender Wien" hat am 6. April seinen Betrieb eingestellt.

Ein letzter Brückenkopf bei der Floridsdorfer Brücke wird von den Deutschen am Abend des 13. April aufgegeben, genau um Mitternacht die Brücke gesprengt. Nördlich der Donau haben die Soldaten der 2. Ukrainischen Front Marschall Malinowskis Seyring und Gerasdorf erreicht, den deutschen Einheiten in Aspern und Floridsdorf, vor allem den Resten des II. SS-Panzerkorps, droht die Einkesselung, denn bei Kritzendorf gehen bereits sowjetische Truppen der 3. Ukrainischen Front über die Donau. Auch für die SS und diverse Volkssturm- und HJ-Einheiten am Bisamberg ist es höchste Zeit zum Rückzug, will man dem „Sack", den die Sowjets vorbereiten, noch entkommen. Bleibt nur noch eine letzte Aufgabe: die Zerstörung des 100-Kilowatt-Großsenders Bisamberg, einst der Stolz der RAVAG und seit dem 28. Mai 1933 offiziell in Betrieb. Bei seiner Erbauung hatten die Techniker der RAVAG großartige Arbeit geleistet und auf die zu diesem Zeitpunkt modernste Technologie gesetzt – zur Vorbereitung hatte man in Seyring nordöstlich von Wien sogar eine Versuchsanlage mit zwei 50 m hohen Masten installiert. 1938 bedienten sich die Nazis nur allzu gern der vorhandenen Infrastruktur. So war die Anlage am Bisamberg mit einem 136 m hohen Blaw-Knox-Sendemast ausgerüstet, erst im Herbst 1933 errichtete man dann den Reflektormast. Die mächtigen Dieselmotoren im Generatorraum erzeugten zusammen 1450 PS und deckten den gesamten Strombedarf des Senders, mit ihrer Abwärme wurden die Gebäude beheizt, der Anschluss an das Stromnetz erfolgte erst 1939.

Wie wir aus den Erinnerungen des „Werwolf"-Führers Ralf Roland Ringler wissen, ist bereits am 10. April 1945 alles zur Sprengung vorbereitet. Ein Major Neumann, offenbar der Kommandant der SS-Schutzwache beim Reichssender Wien, erklärt dem HJ-Führer an diesem Tag: „Jeden Moment werden wir den Bisambergsender sprengen. Dann ist unsere Aufgabe erfüllt. Wir haben getan, was wir konnten."

Tatsächlich ist seit Tagen von den Männern der SS-Schutzwache alles vorbereitet worden. Die Sprengladungen an den Sendeanlagen und den bei-

Blick in einen der Kellerräume des Senders mit Pumpanlagen und Tanks. Foto, 1932.

den Antennen sind angebracht, die Zündschnüre verlegt. Auch die für die Stromversorgung des Senders so wichtige Generatorenhalle mit den mächtigen Dieselmotoren soll in die Luft gejagt werden. Alles wartet nur auf den richtigen Augenblick – der scheint der SS-Schutzwache an diesem 13. April gekommen: Zu Mittag setzen sie die Zündschnüre in Brand und flüchten, der Sender und die Antennen fliegen in die Luft. Doch im Generatorenraum passiert Unglaubliches: Einige Mitarbeiter des Senders wagen es – offenbar unbemerkt von den SS-Männern –, sich hier noch aufzuhalten, und treten im letzten Moment die brennenden Zündschnüre aus, die Dieselmotoren und Generatoren bleiben unversehrt! Die Spuren, die das brennende Pulver am Boden der Halle hinterlassen hat, sind heute noch deutlich zu sehen.
Am nächsten Tag beginnt Rundfunkpionier Oskar Czeija im Funkhaus in der Argentinierstraße, unterstützt von rund 20 Mitarbeitern, mit dem Wiederaufbau der RAVAG. Die Besprechung findet im Proben- und Regieraum Literatur (PRL) statt, dem einzigen noch intakten Zimmer des durch Bombentreffer schwer in Mitleidenschaft gezogenen Funkhauses – erste Schäden hatte es bei einem Luftangriff am 14. Jänner 1945 gegeben, am 15. Februar war der Hörspieltrakt zerstört worden. Die befohlene Sprengung des Gebäudes war von der Heeres-Propagandaeinheit, die hier im Luftschutzkeller zurückgeblieben war und unter dem Kommando von Oberstleutnant Karl Heinz Reintgen, dem späteren Chefredakteur des Saarländischen Rundfunks, stand, nicht mehr durchgeführt worden. Es hätte, so die offizielle Version, an Sprengstoff gefehlt und an einem „sach-

Zwei „kompressorlose Grazer Diesel" mit je 500 PS Leistung und ein „kompressorloser Grazer Diesel" mit 400 PS, geliefert von der Grazer Waggon- und Maschinen-Fabriks-Actiengesellschaft, vormals Johann Weitzer, bilden die Ausstattung des Generatorenraums.

kundigen" Sprengmeister. Franz Huber, der kommissarische Intendant des Reichssenders Wien, war breits verschwunden, zuvor noch, am 2. April, war es, wie Viktor Ergert berichtet, zu einer grotesken Szene gekommen: „Reichsverteidigungskommissar" Baldur von Schirach und Sepp Dietrich, Kommandant der 6. SS-Panzerarmee, waren im Funkhaus erschienen, um Durchhalteparolen aufnehmen zu lassen. Das Problem: Beide Herren waren nicht ganz nüchtern gewesen und hatten beträchtlich geschwankt, die Aufzeichnung auf Wachsplatten war erst nach einigen Versuchen gelungen. Doch das ist bereits Vergangenheit: Umsichtig stellt jedenfalls Czeija an diesem 14. April 1945 die Weichen für die Zukunft: Ein „Provisorischer Leitungsausschuss" wird bestellt, am Dach des Funkhauses soll ein Behelfssender installiert werden, er erhält den Namen „Mucki". Am 29. April kann man zwar erstmals wieder auf Sendung gehen – „Achtung! Achtung! Hier ist Radio Wien!", tönt es aus den Geräten. Die geplante Übertragung aus dem Parlament vom Amtsantritt der provisorischen Regierung muss jedoch wegen technischer Probleme entfallen. Schon am Tag darauf, es ist der 30. April 1945, kann der Sendebetrieb aufgenommen werden.

Die Sprengung des „Reichssenders" am Bisamberg hat Anfang 1946 noch ein Nachspiel: Die Wiener Polizei verhaftet drei ehemalige Nazis, die verdächtigt werden, bei der Sprengung ihre Hände im Spiel gehabt zu haben …

Der Generatorenraum der RAVAG am Bisamberg existiert heute noch, es handelt sich allerdings um einen Bereich, der für die Öffentlichkeit nicht zugänglich ist. Das Gelände ist von außen zwar einsehbar, kann jedoch

NR. 35
PREIS 60 GROSCHEN
RADIO
WIEN
10 JAHRE HORNYPHON
SONDERHEFT
„BISAMBERGSENDER"
RAVAG
HEFT
NR. 35
WIEN
26. MAI
1933
9. JAHRGANG
AMME VOM
.JUNI 1933
USGEGEBEN VON DER „RAVAG" ÖST. RADIOVERKEHRS A. G.

nicht betreten werden. Die gesamte Liegenschaft befindet sich im Besitz des ORF und wird von diesem auch verwaltet, man hat ein bisschen das Gefühl, als ob alles in einen Dornröschenschlaf versunken sei. Wer jedoch einmal die Möglichkeit hat, dieses Areal zu besichtigen, dem sei der historische Maschinenraum, ein Erinnerungsort der Rundfunkgeschichte in Österreich, ans Herz gelegt. Beim Betreten dieser großen Motorenhalle fühlt man sich ein wenig in die Zeit der großen Fabriken mit den mächtigen Maschinen versetzt, wie wir sie etwa aus dem Technischen Museum kennen. Hier stehen riesige Motoren, an die Generatoren angekoppelt sind. Sie dienten zur Stromversorgung des heute stillgelegten Großsenders. Der Mittelwellensender, der sich hier befindet, ist heute nur mehr ein Museumsstück. Es ist still geworden in der Halle der Motoren – welch ohrenbetäubender Lärm mag hier wohl geherrscht haben, wenn alle Maschinen in Betrieb waren!

Die Spuren der bereits brennenden Zündschnüre sind auf den emaillierten Fliesen des Fußbodens noch gut zu erkennen.

Linke Seite: Die RAVAG feierte die Eröffnung des „Bisambergsenders" mit einem Sonderheft der Zeitschrift „Radio Wien".

Wer sich aufmerksam umsieht, wird die Spuren der Zündschnüre entdecken – sehr unscheinbare Spuren, die vom Mut einiger weniger Entschlossener erzählen, denen es gelang, im letzten Moment die völlige Zerstörung des Großsenders zu verhindern. Die Namen dieser Männer scheinen nirgendwo auf, wir fragen uns, warum das so ist – kannte man sie vielleicht gar nicht? Oder hat man gar nicht versucht, sie ausfindig zu machen? Gab es keinen Dank für sie?
Zum letzten Mal erregte der Bisamberg am 24. Februar 2010 die Aufmerksamkeit der Wiener, als die beiden großen Sendemasten gesprengt wurden. Österreichs höchstes Bauwerk wurde an diesem Tag zerstört und damit kam auch das endgültie Aus für diesen historischen Standort.

Der entscheidende Augenblick am 28. Mai 1933: Techniker Posselt setzt den 100-KW-Großsender in Betrieb.

DIE SARGFABRIK ATZGERSDORF

Fabriken gibts sehr vü,
die Leut san arbeitsam.
Drum bin in Atzgersdorf i gern daham.
Aus dem Atzgersdorfer Heimatlied

Das Wahrzeichen der ehemaligen Sargfabrik Atzgersdorf: der Wasserturm. Im Zentrum des Turmhauses befindet sich der große Wasserbehälter.

Eine Sargfabrik? Schon allein der Name lässt uns ein bisschen schaudern. Wer von uns möchte schon in einer Sargfabrik arbeiten? Noch dazu mitten in Wien: Und doch gab und gibt es diese Sargfabrik bis heute. Wir betreten das Areal über den Eingang in der Breitenfurter Straße 176. Gleich neben der Tür erblicken wir das Gerät zur Zeiterfassung, im Volksmund auch als Stech- oder Stempeluhr bezeichnet. Obwohl der Betrieb seit Ende des Jahres 2013 geschlossen ist, hat man sie hier hängen gelassen.
Das sandfarbene Sichtziegelbauwerk steht heute unter Denkmalschutz, entworfen wurde es von Hubert Gessner, einem Schüler Otto Wagners. Das ganze Areal ist heute im Besitz des Wohnfonds Wien. Pläne für die Nachnutzung gibt es schon: Hier soll ein Kulturzentrum entstehen, der Arbeitstitel des Projekts: „Kulturfabrik 23".
Unser Cicerone, Herr Bauer, der seit 1988 hier gearbeitet hat, weiß einige Details zu erzählen: Die Fabrik wurde in den Jahren 1913 bis 1916 nach den Plänen Gessners für den Unternehmer Max Koffmahn (1855–1933) errichtet – mit Särgen hatte der in Warschau als Sohn eines deutschen Großkaufmanns geborene Industrielle allerdings nichts zu tun. Koffmahn war Spezialist für Kisten, es gab praktisch keine Kisten, die er nicht herstellte. Im *Industrie-Compass* 1925/26 lesen wir über sein vielfältiges Sortiment: „Bahn- und Postkisten jeder Art, Kistenteile, Küchenmöbel, Manipulationskisten für Brauereien, Bier-, Siphon-, Kracherlkisten etc., Massenartikel aus Holz. Spez.: Kisten mit Firma- und Embleme-Aufdruck, Patentbeschläge." Wohl produziert, aber nicht groß beworben wurden von Koffmahn die Munitionskisten für das Militär. Die industrielle Erzeugung von Holzsärgen war zu diesem Zeitpunkt noch ein Novum – der erste Sargerzeugungsbetrieb der städtischen Bestattung in Wien nahm am 1. Jänner 1919 im Arsenal seinen Betrieb auf, unmittelbarer Anlass dafür waren die zahlreichen Todesfälle im Gefolge der Spanischen Grippe – die Tischler kamen mit dem Anfertigen der Särge nicht mehr nach.
Max Koffmahn hatte seine erste Kisten- und Holzwarenfabrik 1882 in Währing gegründet und 1888 nach Favoriten in die Inzersdorfer Straße 40 verlegt. Da die Nachfrage nach seinen Kisten weiter stieg, entschied er sich schließlich für einen neuen Standort in Atzgersdorf – der Ort lag damals noch außerhalb Wiens und bot einige Vorteile: Die neue Fabrik konnte mit einem Gleisanschluss versehen werden, dazu kamen Vorteile bei den Steuerabgaben und beim Rekrutieren der Arbeiter – Atzgersdorf galt als „Arbeitersiedlung", hatte hier doch die Industrialisierung schon im frühen 19. Jahrhundert eingesetzt: Aus den Mühlen an der Liesing waren Fabriken geworden.

Für seine Verdienste zum Kommerzialrat ernannt, engagierte sich Max Koffmahn im Bund österreichischer Industrieller auch wirtschaftspolitisch und trat während des Ersten Weltkrieges immer wieder für eine enge wirtschaftliche Zusammenarbeit mit dem Deutschen Reich ein, sein Ziel war die Gründung eines „Wirtschaftsbundes", der u. a. eine gemeinsame Handelspolitik und eine Zollunion mit Deutschland vorsah.

Das Unternehmen Koffmahns florierte auch in den wirtschaftlich schweren Jahren des Nachkriegs, so besaß man eigene Sägewerke, die Zahl der Arbeiter stieg auf 250. 1922 wurde aus der „Maschinen-, Kisten- und Holzwarenfabrik M. Koffmahn" eine Aktiengesellschaft, in der nun die Söhne Kurt und Erich zunehmend die Führung übernahmen. Das Unternehmen überlebte den Zweiten Weltkrieg und wurde in eine Kommanditgesellschaft umgewandelt; das Ende der Ära Koffmahn kam dann 1966 mit der Übernahme des Betriebes durch die „Wiener Stadtwerke – Städtische Bestattung". Jetzt schlug die Stunde für die Erzeugung ganz besonderer Kisten – der Särge. Nach einigen Umbauten – das alte Kesselhaus mit den angebauten Trockenkammern wurde abgebaut – konnte am 26. August 1968 die Sargproduktion aufgenommen werden.

Herr Bauer nennt uns eindrucksvolle Zahlen: In Spitzenzeiten seien hier bis zu 100 Mitarbeiter beschäftigt gewesen, pro Jahr wurden etwa 25.000 Särge hergestellt. Bei besonders guter Auftragslage sogar bis zu 50.000 Särge. Damit habe man nicht nur Wien beliefert, sondern ganz Österreich.

Das Geschäft mit den Särgen, so meinen wir, sei doch eine sichere Sache. Allein in Wien finden jährlich etwa 15.000 „Einsargungen" statt, in ganz

Die einstigen Werkstättenbereiche sollen zukünftig für kulturelle Veranstaltungen genutzt werden.

Österreich sterben pro Jahr so um die 70.000 bis 80.000 Menschen. Herr Bauer erklärt uns: Der Grund für die Schließung der Sargfabrik seien die steigenden Herstellungskosten gewesen. Man habe daher bei den diversen Ausschreibungen nicht mehr „mithalten" können, die Firma habe daher immer mehr Aufträge verloren, bei den Kunden setzten sich die Billigstanbieter aus dem Osten durch, die die Särge aufgrund der günstigen Löhne weit billiger herstellen konnten. Die B&F Wien Gmbh („Bestattung und Friedhöfe") habe sich daher entschlossen, die Fabrik zu schließen und sich auf die Produktion von Metallsärgen zu beschränken, die nun im neuen „Logistikcenter" in der Nähe des Zentralfriedhofs gefertigt werden. Holzsärge werden von externen Herstellern angekauft. Hier im „Logistikcenter" gibt es auch eine Waschanlage für wiederverwendete „Sanitätssärge", mit den die Toten abgeholt werden. 20 Minuten in der Sargwaschanlage und es gibt in den Leichentruhen keine Rückstände mehr …

Wie alle Orte in unserem Buch besitzt auch die Sargfabrik einige gut gehütete Geheimnisse. Die wenigsten Menschen wissen, dass sich hier unter der ehemaligen Dienstwohnung des Portiers noch ein Luftschutzkeller befindet. Über die mit Glas ausgefertigte Eingangstür betritt man einen breiten Stiegenabgang, der in einem Halbkreis hinunter in den Keller führt. Vor einer Tür mit der Aufschrift KELLER-PRIVAT bleiben wir kurz stehen. Nach dem Aufsperren dieser Tür geht es weiter hinunter, bis wir vor der ersten Luftschutztür stehen. Ein aus Papier gefertigter Aufkleber warnt uns: *Vorsicht Hier wurde Rattengift ausgelegt. Kinder und Haustiere fernhalten.* Als Gegenmittel wird uns das Vitamin K1 empfohlen.

Wir passiern die mit zwei Riegeln verschlossene Tür und betreten einen Kellerbereich, der als Luftschutzraum ausgebaut worden ist. Die drei hier noch immer vorhandenen Luftschutztüren sind vom Typ SK-Tür, Mannesmann-Stahlblechbau Aktiengesellschaft Berlin C2 aus Deutschland. Hier unten gibt es auch einen Kaminanschluss. Zwei noch immer an der Wand befestigte Eisenbügel bildeten die Basis für die Bänke, deren Sitzflächen bereits fehlen. Der Rundgang durch die leeren Hallen und die vielen großflächigen Bereiche lässt uns an die unterschiedlichsten Orte gelangen. Hier gab es u. a. eine Heizkammer, einen Ventilatorraum, einen Umkleideraum und ein Frauenbad.

Markantes Wahrzeichen der Fabrik ist der hohe, von allen Seiten einsehbare Wasserturm, der sich genau in der Mittelachse der Anlage befindet und den Werkstättentrakt vom Bürotrakt trennt. Zweck dieses Turmes war die Bereitstellung von Wasser – Wasser war für einen holzverarbeitenden Betrieb sehr wichtig. Für den Fall eines Brandes war durch das viele Holz mit einer hohen Brandlast zu rechnen und Löschwasser von größter Bedeutung. In späterer Folge wurde der Wasserbehälter als offenes Ausdehnungsgefäß für die Zentralheizungsanlage verwendet. Aufgrund seiner Höhe wurde der Wasserturm während des Zweiten Weltkrieges als Beobachtungspunkt genutzt. Wir wissen, dass sich hier oben während der alliierten Luftangriffe ein Beobachtungsposten befunden hat. Genau wie auf dem Betriebsgelände der nahe gelegenen Firma Franz Havlicek in der Altmannsdorfer Staße 307. Auch hier hatte man für einen Beobachtungsposten einen erhöhten und geschützten Platz geschaffen. Dieser sollte zum Schutz des arbeitenden Fab-

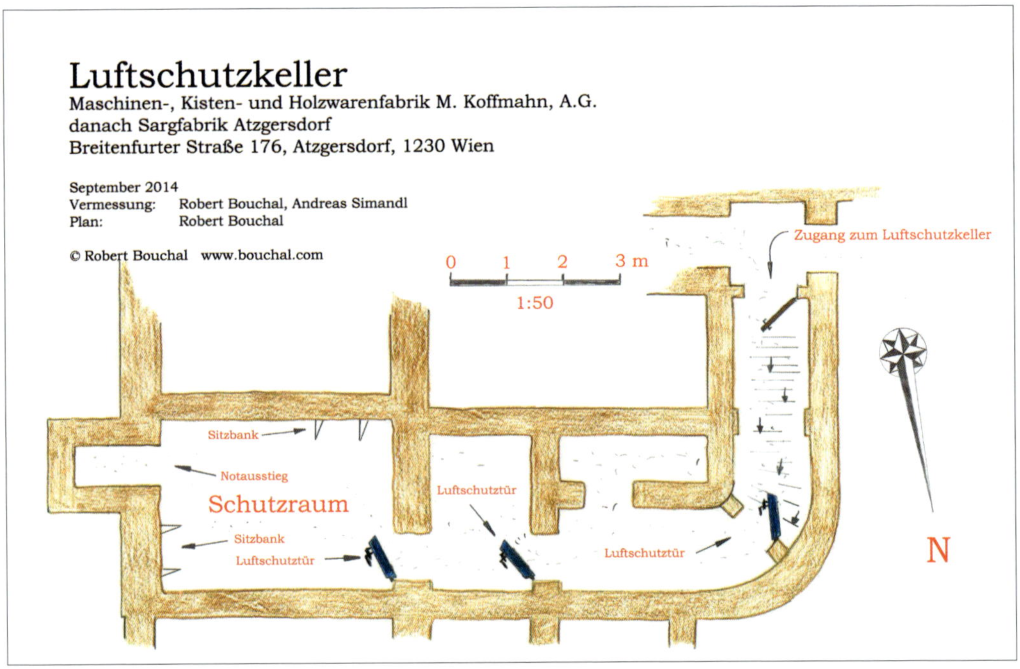

Massive, mit zwei Riegeln versehene Luftschutztür der Firma Mannesmann.

Der alte Keller wurde zu einem Luftschutzraum ausgebaut.

rikpersonals permanent den Himmel nach auftauchenden Feindflugzeugen absuchen.

Im obersten Gebäudeteil angekommen, steigen wir über eine Steighilfe in Form von aus der Wand herausragenden Rundeisen zum Oberteil des Turms empor. Hier oben befindet sich der große Wasserbehälter. Sehr beengt ist es möglich, zwischen der mit Fenstern versehenen Außenwand und dem großen Wassertank im Zentrum des Turmhauses entlangzugehen. Genau hier entdecken wir eine besondere Eintragung. Mit grauer Farbe hat hier ein Unbekannter seine Anwesenheit vermerkt: *MA 10.5.1939* steht hier geschrieben – welches Schicksal mag sich dahinter verbergen?

DAS VERLASSENE SPITZENHEIZWERK IM ARSENAL

Der „Abgasgang" des ehemaligen Spitzenheizwerks im Arsenal – auch für den Höhlenforscher ein beeindruckendes Erlebnis!

Über einen Zeitraum von vielen Monaten konnte der auf der Südosttangente im Verkehrsstau stehende Autofahrer den Bau eines futuristischen Gebäudes mitverfolgen. Das neue Fernheizwerk der Wien Energie, eine „urbane Landmark", projektiert vom Architekturbüro Markus Pernthaler, steht direkt neben der A 23 am Gelände des Wiener Arsenals. Mit einer thermischen Leistung von 340 Megawatt versorgt Österreichs größtes mit fossilen Brennstoffen befeuertes Heizwerk seit 2015 mehr als 70.000 Wiener Haushalte mit Fernwärme, im Fall, dass ein anderes Kraftwerk ausfällt, soll es als Reserve einspringen.

In den Hintergrund getreten ist dagegen das alte, bereits stillgelegte Fernheizwerk am Nachbargrundstück mit seinem wundervollen Schornstein, der noch immer steht. Einige nützliche Elemente wurden aus diesem in den 1950er Jahren erbauten Spitzenheizwerk demontiert und in das neue Gebäude übernommen. Ein *lost place* der Wiener Industriegeschichte, der seinesgleichen sucht. Ein Heizwerk, das dem Untergang geweiht ist! Bevor dieses Wunderwerk aus Rohren und Eisenstangen, Anzeigeinstrumenten, Ventilen und Maschinen abgetragen wird und für immer verschwindet, werfen wir noch einmal einen letzten Blick hinein.

Der mit Ziegeln gemauerte Schornstein steht bis zur Stunde noch an seinem Platz. Im Heizwerk selbst führt von den Brennern ein Abzug zu einem horizontalen Sammelkamin, der hier seinerzeit errichtet worden ist. Im Betrieb war ein Betreten dieses unterirdischen Ganges, der auch als „Sammler" bezeichnet wird und enorme Ausmaße aufweist, so gut wie unmöglich. Nach dem Öffnen der bunkerähnlichen Einstiegstür merken wir sofort, dass im Licht unserer Helmlampe viele kleine Schwebeteilchen in der Luft herumschwirren. Durch das Öffnen der Einstiegstür ist ein Luftzug entstanden, der kleine Rußpartikelchen vor uns aufwirbelt. Wir gehen nun in den ohne Licht ausgestatteten Kamingang. Gleichsam im „Abgasgang" des Kraftwerkes. Nachdem wir bei allen Brenneröffnungen vorbeigekommen sind, führt der Gang in einem rechten Winkel zur Basis des großen Schornsteins. Dieser ist bereits sehr in Mitleidenschaft gezogen. Abgeplatzte Reste von den Ziegeln liegen am Grund des Kamines. Der Blick nach oben ist beeindruckend. Nur mehr ein kleines Loch ist zu sehen, darüber der blaue Himmel. An der Innenseite des Schornsteins befinden sich Steigklampfen, an denen die Inspektion bis zur oberen Schornsteinöffnung emporsteigen kann. Es fällt uns nicht allzu schwer, der Versuchung, selbst da hinaufzuklettern, zu widerstehen …

Das Kraftwerk im Bau: Der „Sammler" ist bereits fertig.

ENTDECKUNGEN IM GASWERK LEOPOLDAU

Ein Schleierschwanz-Deltadrache hebt unsere Kamera in die Lüfte: Blick auf das Gelände des Gaswerks Leopoldau mit seinen denkmalgeschützten Gebäuden.

Das Einfahrtstor zum noch verbliebenen Betriebsgelände steht offen. Vor uns taucht eine Gruppe Männer auf, Mitarbeiter einer Baufirma, die hier Baggerarbeiten durchführen. Auf die Frage, ob wir uns auf dem stillgelegten Fabrikgelände umsehen dürfen, wird mit dem Kopf genickt. Hier werde sowieso alles in Kürze abgerissen und wenn wir uns noch einmal umschauen möchten, so sei das kein Problem. Einer der Männer meint noch, dass das meiste auf dem Gaswerkareal bereits abgebaut und entfernt worden sei, es gebe daher so gut wie nichts mehr zu sehen! Mit diesen Informationen machen wir uns auf den Weg, um uns etwas umzusehen. Wie wir fast ein ganzes Jahr später erfahren werden, wird hier keinesfalls alles abgerissen. Viele Gebäude stehen unter Denkmalschutz und wenn unsere Informationen stimmen, werden zu unserer großen Freude etliche der historischen Bauwerke erhalten bleiben. Für die ehemaligen Angestellten des Gaswerks nur ein schwacher Trost: Beim ehemaligen Haus des Pförtners steckt hinter der Glasscheibe eine letzte Nachricht: *Sag zum Abschied leise Servus …*

Es sind enorm große Flächen, die in der Zukunft verbaut werden sollen: 440.000 m² umfasste das Areal, das einst von der Stadt Wien für den Bau des zweiten städtischen Gaswerkes – nach der Anlage in Simmering – vorgesehen war. Eine möglichst hochwasserfreie Lage, die Anschlussmöglichkeit an eine Eisenbahnlinie, eventuell auch an eine Wasserstraße, günstige „Untergrundverhältnisse" und ein angemessener Grundpreis – das waren vor über hundert Jahren die Kriterien für die Wahl des Ortes. Anforderungen, die schon damals nur ein Gebiet nördlich der Donau erfüllen konnte. In der Sitzung des zuständigen Gemeinderatsausschusses vom 16. Oktober 1907 stimmte Bürgermeister Karl Lueger der Errichtung des geplanten Werkes auf den ehemaligen Leopoldauer Feldern zu, vier Jahre später, am 17. Dezember 1911, wurde im neuen „Großgaswerk" erstmals Gas erzeugt, zu Weihnachten 1911 wurde es von Bürgermeister Josef Neumayer, dem Nachfolger Luegers, eröffnet. 1914 betrug die Jahresproduktion 62 Millionen Kubikmeter Gas, während des Ersten Weltkrieges konnte sie auf 103 Millionen Kubikmeter gesteigert werden. Pro Tag verfeuerte man dafür über 1.000 Tonnen Kohle. Nach dem Ende des Ersten Weltkrieges entschloss man sich zur Errichtung einer Benzolfabrik und erzeugte neben Benzol nun auch Toluol, Xylole, Schwerbenzole und Naphtalin; die im Rahmen des Gaswerks vom Liesinger Chemieunternehmen Wagenmann und Seybel betriebene Ammoniakfabrik wurde weiter ausgebaut – so kommt es, dass aus dem Gaswerk Leopoldau Ammoniumbicarbonat, sprich Backpulver, an die Lebensmittelindustrie geliefert wird.

Wo einst bei Temperaturen bis zu 1400 °C die Kohle glühte und „entgast" wurde, soll heute ein neuer Stadtteil entstehen. Neuer Lebensraum für zahlreiche Familien, die auf dem Gelände des ehemaligen Gaswerks Leopoldau ihr neues Zuhause bekommen sollen. An der rechten Seite unseres Weges finden wir einen Gedenkstein. Auf einer Abbildung sieht man eine kniende Frau, die ihre rechte Hand nach unten streckt. Unter dem Bild lesen wir: UNSEREN TOTEN FREUNDEN 1934–1945. Ach ja, jetzt fällt es uns wieder ein. Auch wenn es hier überhaupt nicht mehr so aussieht und alle Tanks und Rohre entfernt wurden, wir sind ja in einem Gaswerk, auf einem Areal, das kriegswichtig und im Zweiten Weltkrieg ein bevorzugtes Angriffsziel war. Ein Blick in die Chronik des Luftkrieges über Wien bestätigt unsere Annahme: Am 26. Juni 1944 bombardierten US-Bomber erstmals das Gaswerk, das durch 85 Bombentreffer schwer beschädigt wurde. Einige Mitarbeiter waren schwer verletzt worden, doch das hinderte niemanden daran, hier weiter mit vollem Einsatz zu arbeiten: Schon am dritten Tag nach dem Angriff produzierte man wieder Gas.

Als Vorsichtsmaßnahme stellte man während der Luftangriffe die Gasförderung ein und schaltete die Generatorenanlage ab. Mit „Übersicht, Verlässlichkeit und Nervenkraft", wie es in einer Schrift zum 50-jährigen Betriebsjubiläum hieß, schaffte es die Mannschaft immer wieder, diese Ab- und Einschaltungen zu bewältigen.

Der schwerste Luftangriff erfolgte schließlich am 13. Oktober 1944. Über 100 Bombentreffer forderten drei Menschenleben und mehrere Verletzte, der Kammerofen I wurde so schwer beschädigt, dass er nicht mehr zu reparieren war, und einer der beiden Hauptversorgungsstränge für die Stadt wurde an mehreren Stellen unterbrochen – für einige Tage fielen die Gaslieferungen aus der Leopoldau völlig aus. Trotz dieser schweren Schäden produzierte man unverdrossen weiter, die Bomben, die weiter vom Himmel fielen, konnten daran nichts ändern. Zu Ostern 1945, mit dem Beginn der Schlacht um Wien, spitzte sich auch im Gaswerk die Lage zu: Zahlreiche Mitarbeiter wurden zum „Volkssturm" gepresst und eine eigene Volkssturmkompanie „Gaswerk Leopoldau" musste in den Kampf gegen die „Bolschewisten" ziehen – ein schwerer Weg, der für manche in jahrelange russische Gefangenschaft führte. An die Werksleitung kam im Rahmen der berüchtigten ARLZ-Maßnahmen der Befehl, die Anlagen zu sprengen – er wurde jedoch nicht ausgeführt. Am Morgen des 15. April 1945 war der Alptraum dann endlich vorbei: Infanteristen der Roten Armee besetzten das Werk, es begannen Aufräumungs- und Instandsetzungsarbeiten. Kohlevorräte gab es kaum mehr, aber aus einer Sonde bei Aderklaa wurde ab 17. April wieder Erdgas angeliefert und so konnte zumindest Floridsdorf wieder mit Gas versorgt werden; über eine „Notleitung" wurde ab dem Herbst 1945 eine Verbindung mit den Stadtteilen südlich der Donau hergestellt. Die Kohle kam nun nicht mehr aus Mährisch-Ostrau oder Oberschlesien, sondern mit Unterstützung der US-Besatzungsmacht aus dem Ruhrgebiet.

Wir sehen uns auf dem Areal weiter um: An der nördlichen Ecke des heute mit einer Mauer umgebenen Betriebsgeländes befinden sich einige Villen, die wie der *Dehio* weiß, „Anleihen an den Heimatstil" nehmen und deshalb auch denkmalgeschützt sind – das waren wohl einst die Wohngebäude der leitenden Angestellten. Das näher zur Werksmauer gelegene Gebäu-

Der große Gasbehälter am Werksgelände ist längst verschwunden. Foto, um 1937.

de besitzt an der Außenseite seines Fassadensockels Luftschutzblenden. Das sind massive Eisenabdeckungen, die ein Eindringen von Granat- oder Bombensplittern in diverse Öffnungen wie z. B. Kellerfenster verhindern sollen. Wo sich solche Sicherungsmaßnahmen finden lassen, ist die Wahrscheinlichkeit sehr hoch, auch einen Luftschutzkeller zu entdecken. Die Eingangstür der Villa steht weit offen. Wir erschrecken beim Eintritt in das Gebäude, weil der Wind die Fensterläden in den Stockwerken über uns auf und zu schlägt. Wir verschließen die Fenster und gehen hinunter in den Keller. Siehe da: ein Volltreffer! Der ganze Keller ist zu einem Luftschutzkeller ausgebaut worden. Etliche Doppelriegeltüren sind hier montiert worden, sogar die Kamintürln, die zum Ausräumen der Rauchfänge dienen, hat man mit schweren Eisenklappen gesichert. Wir machen uns gleich an die Arbeit und vermessen den Luftschutzkeller.

Wir verlassen dieses Gebäude, das vermutlich die Villa des Betriebsleiters war oder einer anderen hochrangigen Person als Zuhause gedient haben muss, und gehen wieder zurück in das Zentrum des Areals. Hier kommen wir zu einem weitläufigen Trakt, dessen Seitentür ebenfalls offen steht.

Wir gelangen zu einem sehr großen Saal, von dem wir den Eindruck haben, dass es sich dabei um einen Theatersaal oder auch um einen Speisesaal gehandelt haben muss. An der einen Seite des Saales befindet sich offenbar eine Theaterbühne! Es sieht hier alles ziemlich mitgenommen aus und von

Der große Saal verwandelt sich langsam in eine Trümmerstätte.

Die denkmalgeschützte Villa mit Reminiszenzen an den Heimatstil.

Luftschutzblenden an der Außenseite des Mauersockels der Villa.

Im großen Luftschutzkeller.

Gediegene Ausstattung: im Stiegenhaus der Villa.

Notausstiege aus dem großen Luftschutzkeller.

Informationen, für die es keine Empfänger mehr gibt.

der Decke fällt bereits der Belag ab. Eine Geisterstätte! Auch hier haben Vandalen gewütet: Einige der mit Glas ausgestatteten Türen sind zerschlagen worden, überall liegen Scherben.
Beim Fotografieren des großen Saales kommen wir über einen Seiteneingang zu einem Vorraum. Von hier führen uns Treppen in ein Untergeschoss. Als wir diese Treppen hinabsteigen, glauben wir unseren Augen nicht zu trauen – hier, in einem der größten Gebäude des Gaswerks, da, wo alle Menschen sich zum Mittagessen oder für andere Veranstaltungen treffen und versammeln, befindet sich ein wirklich großer Luftschutzkeller! Wohl der zentrale Luftschutzkeller, der noch seine Türen besitzt und auch noch die entsprechenden Beschriftungen aufweist. Wir beginnen mit einer genauen Aufnahme des gesamten Luftschutzbereiches, der bisher völlig unbekannt war und noch von niemandem beschrieben worden ist.
Wir wissen: Die *dynamic colonisation of space by capital* wird vor dem Gaswerkgelände nicht Halt machen, bald wird vieles verschwunden sein, das

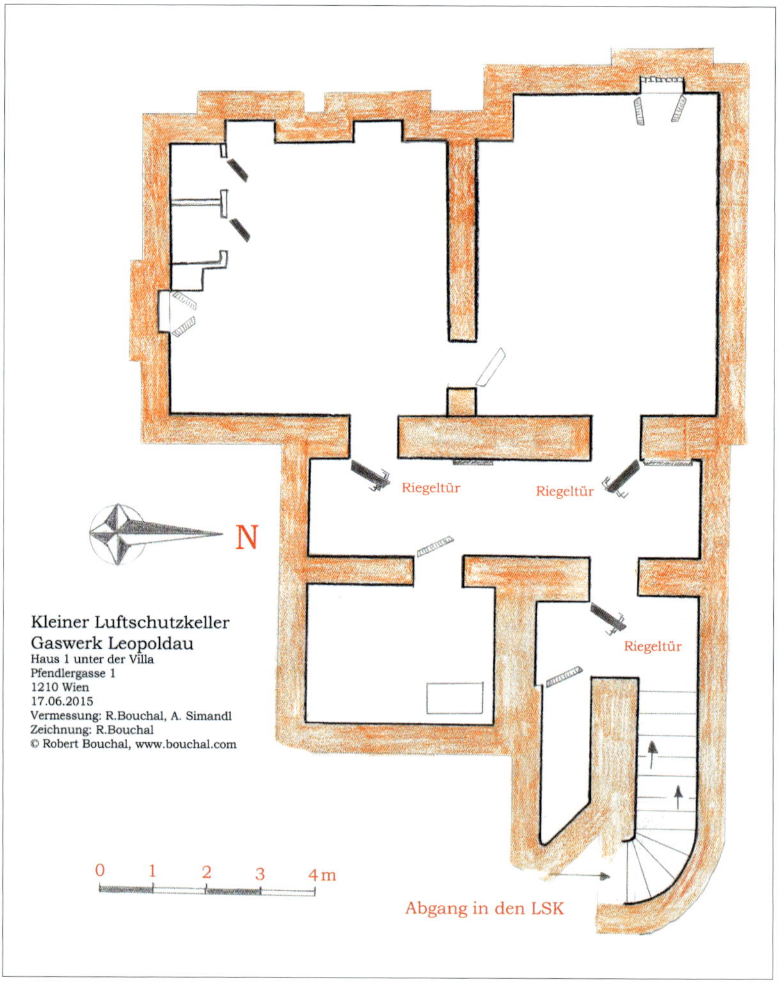

Der „kleine" Luftschutzkeller im ehemaligen Gaswerk Leopoldau.

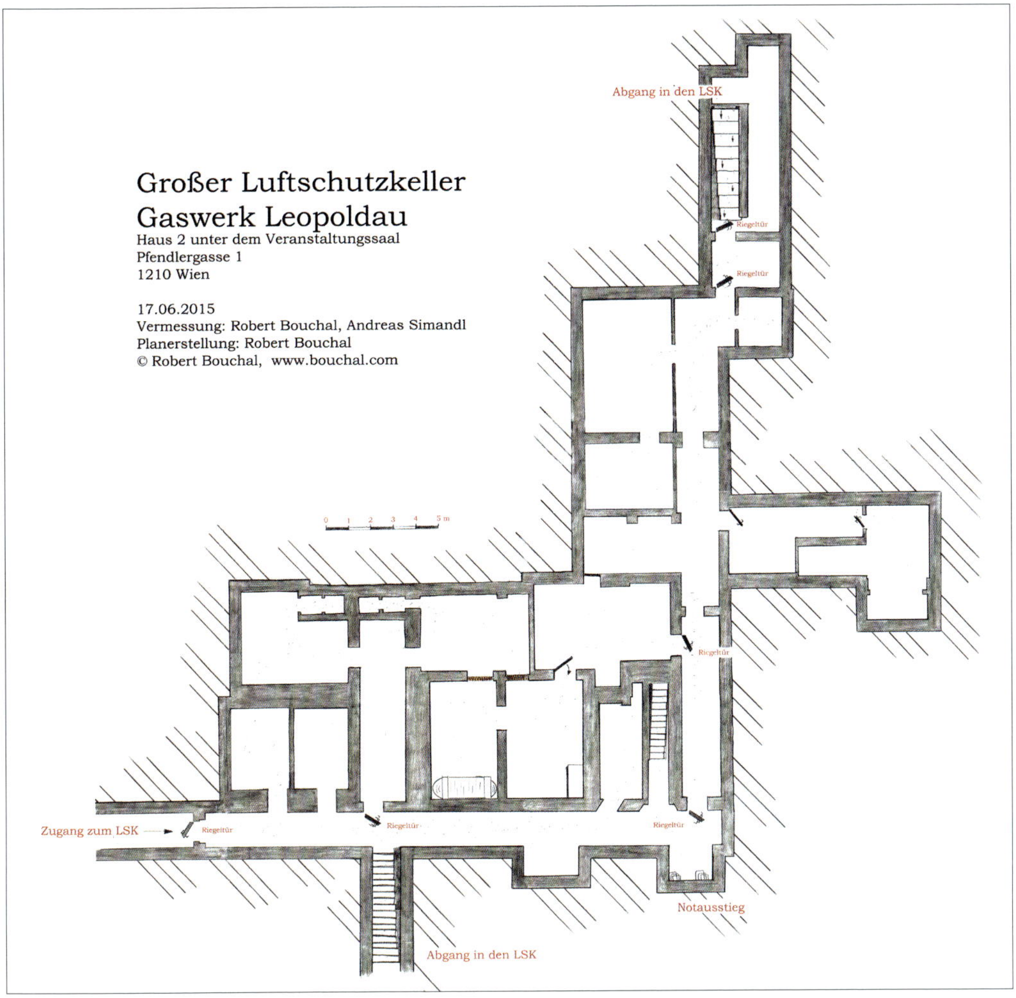

Bisher völlig unbekannt: der riesige unterirdische Schutzraum im Grundriss.

Areal – in den diversen Plänen fungiert es nun als Neu-Leopoldau – ist ein „Hoffnungsgebiet“ der Stadtplanung, inzwischen wurde eine „Neu-Leopoldau-Entwicklungsgesellschaft“ gegründet. Für „potentielle Käufer und Projektentwickler“, so heißt es im *Masterplan* für das Gelände optimistisch, soll eine „sichere und lukrative Investitionslandschaft hergestellt werden“. Kein einfaches Unterfangen, denn da gibt es Dekontaminations-Berichte aus den Jahren 2001 und 2006, die vermutlich einige unangenehme Fakten enthalten. Wer Wien kennt, weiß aber: Hindernisse wie diese wird man schließlich überwinden, der neue Stadtteil mit Gewerbeflächen, viel Grünraum, Werkstätten und Ateliers für Künstler und Kreative sowie bis zu 1400 Wohnungen wird Wirklichkeit werden.

UNTERIRDISCHE GEHEIMNISSE

DAS ZEITFENSTER, DAS SICH NUR KURZ ÖFFNETE: DER ERDSTALL IN DER RASUMOFSKYGASSE

Ein Glücksfall für die Stadtarchäologie Wien: Bei Erdarbeiten in der Rasumofskygasse wird ein Erdstall entdeckt.

Vorhergehende Doppelseite: Die Unterwelt des Krankenhauses Hietzing.

Es ist Sonntag. Zeitig am Morgen läutet bei uns das Telefon. Am anderen Ende der Leitung spricht der Wiener Höhlenforscher Werner Hollender. „Robert", meint er, „du musst schnell kommen. Ich glaube, die haben da etwas gefunden!" Werner wohnt in der Nähe des Rochusmarktes im 3. Bezirk. Eine Dreiviertelstunde später sind wir bereits vor Ort. Hier befindet sich gerade eine riesige Baustelle. Das 1920 errichtete Post- und Telegrafenamt wird von einer Abbruchfirma abgetragen. Ein völlig neues Gebäude soll hier errichtet werden. Im Hof des Areals hat die Wiener Stadtarchäologie unter der Leitung von Frau Mag. Fischer Ausserer ihr Quartier aufgeschlagen. Von Montag bis Freitag werden im lehmigen Grund mit Hilfe eines kleinen Schaufelbaggers tiefe Löcher ausgehoben. Stellenweise wird hier bereits mit der Feinarbeit begonnen, das heißt man hantiert mit kleinen Kellen und Spachteln oder aber auch mit einem breiten Borstenpinsel und „bearbeitet" kleine Keramikteile. Es wird freigelegt, aufgenommen, vermessen und eingesammelt. Bei dieser Fläche bedarf es einer Vielzahl von helfenden Händen, die hier sorgfältig Stück für Stück lange Verborgenes ans Tageslicht befördern.

Doch was hat Werner Hollender veranlasst, zum Telefonhörer zu greifen und uns zu rufen? – Ein Erdstall in Wien! Wir können es kaum glauben!

Kurz darauf ist es so weit: Wir stehen mitten in Wien im dicht verbauten Gebiet vor einer freigelegten Stelle und blicken in die Kammern eines Erdstalls, der uns zurück in das Mittelalter führt. Das Erstaunliche: Die einzelnen Abschnitte sind sorgfältig aus dem Lehm herausgearbeitet, zwischen den Durchgängen hat man Bänke angelegt, auf denen einst Menschen Platz genommen haben. Die zahlreichen Reste von Kochtöpfen, die gefunden werden, lassen vermuten, dass in unmittelbarer Umgebung des Erdstalls gekocht wurde. Hat man in diesen Töpfen den hier versteckten Menschen das Essen gebracht? Vor welcher Gefahr haben die Menschen damals Zuflucht gesucht? Was trieb sie an, ein derartiges Refugium zu graben?

Jedenfalls hat man noch im Mittelalter den Erdstall mit einer großen Menge an Keramik aus dem 13. und 14. Jahrhundert zugeschüttet. Die Ausgräber der Stadtarchäologie vermuten, dass das unterirdische Versteck in Verbindung mit dem Kloster „Santa Maria bei St. Niklas vor dem Stubentor" gestanden sein könnte, das würde auch die enorme Menge an Keramikresten erklären. Das Zisterzienserinnenkloster Santa Maria, kurz auch „Nikolaikloster" genannt, war das erste Frauenkloster Wiens. Gegründet wurde es vor 1228 vom Babenbergerherzog Leopold VI., die geistliche Betreuung hatte das Stift Heiligenkreuz inne. Trifft diese Vermutung zu, dann könnte die Gefahr in den Truppen Rudolfs von Habsburg erblickt worden sein, die 1276 Wien belagerten. Wir wissen, dass das Nikolaikloster während der Belagerung beschädigt wurde und in die Kampfhandlungen verwickelt war.

Zwischen 1440 und 1460 wurde es in die Vorstadtbefestigung einbezogen und durch eine Mauer und einen Graben mit dem St.-Niklas-Torturm verbunden, spätestens ab diesem Zeitpunkt scheint ein Erdstall als Zufluchtsort überflüssig gewesen zu sein. Die Spuren des erwähnten Grabens, der um 1700 zugeschüttet wurde, können die Ausgräber der Stadtarchäologie auch tatsächlich nachweisen und dem Nikolaikloster, das 1529 von den Türken zerstört wird, zuordnen.
Die als „Erdställe" bekannten unterirdischen Räume, deren gemeinsames Merkmal es ist, dass sie künstlich von Menschen angelegt worden sind, geben der Forschung seit jeher zahlreiche Rätsel auf. Wir kennen sie vor allem aus dem Wein- und Waldviertel sowie aus Oberösterreich, in der Mehrzahl dienten sie wohl als Verstecke. Es gibt aber auch sehr originelle Erklärungen – so behauptete der Heimatforscher Franz Kießling in seinem Buch *Rätsel der Erdställe* (1923), dass sie als Verstecke oder auch als Vorratskammer völlig ungeeignet gewesen wären, sie könnten vielmehr nur durch eine vorzeitliche „Zwergenrasse" errichtet worden sein. Sein Argument: „Diese Gänge (...) konnten nur von Menschen hergestellt worden sein, die so schmächtig waren, daß sie nicht bloß Raum für ihren schulterbreiten Körper, sondern auch noch beiderseits Platz fanden, um das Hiebwerkzeug zu gebrauchen. Ein solcher Arbeiter konnte aber nur von zwerghaftem Körperbaue sein." Bleibt die Frage: Was taten diese Zwergmenschen in den Erdställen? – Kießlings Antwort: Es waren, so vermutet er, Orte „irgend eines Totenkultes", also unterirdische Gedächtnisstätten. Dieser Vorstellung von einem Kultraum folgte auch schon der Pionier der Erdstallforschung, der Pfarrer Lambert Karner, der 1884 erstmals seine Thesen über die „künstlichen Höhlen" publizierte. Auf einen unserer Meinung nach wichtigen Aspekt verwies Karl Lukan – er betonte die für ganz Europa typische Tradition der Erdställe, die es etwa auch in Spanien und Frankreich gegeben habe.

Blick in eine ferne Vergangenheit: Die Struktur des in den Lehm gearbeiteten unterirdischen Baus wird gut sichtbar.

Keltenfans haben daher ihre eigene Interpretation der Erdställe: Sie seien so etwas wie „Meditationsschlafplätze“ für den Kult der Großen Muttergöttin gewesen.

Während wir diese merkwürdige unterirdische Welt im Lehm fotografieren, verbeißen sich die schweren Hydraulikzangen weiter in die Ziegelmauern des mehrstöckigen Postgebäudes und reißen Wandteil für Wandteil aus dem zusammenhängenden Mauerverband. Auch die Archäologen arbeiten in fieberhafter Eile weiter. Sie haben für ihre Grabungsarbeiten nur ein vorgegebenes Zeitfenster zur Verfügung. Mit der jeweils zuständigen Bauleitung wird in Wien in diesen Fällen mittlerweile sehr gut zusammengearbeitet. Der Wissenschaft wird durch das Verständnis des Bauträgers Zeit eingeräumt und das gereicht letztendlich allen auf einem Fundort arbeitenden Menschen zum Vorteil. In wenigen Wochen wird die Stadtarchäologie mit einer Sensationsmeldung an die Öffentlichkeit treten können. Was hier gefunden wird, schafft neue Erkenntnisse, gleichzeitig werfen die neuen Funde auch neue Fragen für die Forscher auf. Was die Arbeiten in der Rasumofskygasse betrifft, so werden nach Auswertung der Funde – insgesamt sind es 50 Kisten – auch Details zur Vorgeschichte Wiens ein wenig nachjustiert werden müssen – das Team von Frau Fischer Ausserer stößt hier inmitten von spätkeltischen Siedlungsresten (Grubenhäusern, Brunnen, Öfen, Werkstätten zur Münz- und Perlenherstellung) auf römische Importwaren wie Amphoren und Schreibgeräte; die ältesten Funde stammen aus dem frühen Neolithikum um 5.000 v. Chr. „Wir haben hier 7.000 Jahre Geschichte auf 3.000 Quadratmetern!“, kann Karin Fischer Ausserer begeistert resümieren.

Wir sind etwas nachdenklich: Der geheimnisvolle Erdstall, ein einzigartiges Relikt aus ferner Zeit, wird nämlich bald verschwunden sein. Auch die beste Dokumentation wird ihn nicht ersetzen können …

CHR

TOTENNISCHEN IN DER GRUFT DER URSULINEN

Das schmiedeeiserne Kruzifix an der Wand erinnert uns daran, dass wir uns in einer Gruft befinden.

Wien, ein vielschichtiger Palimpsest der Architektur, besitzt zahlreiche Gebäude, die ursprünglich für einen ganz bestimmten Zweck errichtet wurden, der in der heutigen Zeit obsolet geworden ist. Ein Glück ist es, wenn solche oft sehr schönen Bauwerke einer weiteren Nutzung zugeführt werden können. Auf der Seilerstätte 26 in der City befindet sich genau so ein Gebäude. Heute hat in dem modernisierten Bau das „Haus der Musik" eine Heimstatt gefunden. Das Bauwerk selbst stammt jedoch aus dem 17. Jahrhundert. Ursprünglich war es nämlich ein Kloster. Das Kloster der Ursulinen!

Errichtet wurde diese mehrhöfige Klosteranlage in den Jahren 1666 bis 1745 unter der Leitung des italienischen Baumeisters Anton Erhard Martinelli. Der Frauenorden der Ursulinen war im Jahre 1660 nach einer Einladung von Kaiserin Eleonore nach Wien gekommen und hatte mit seinem Eintreffen eine Schule eröffnet. Diese wurde vom Zeitpunkt der Fertigstellung des Klosters bis 1960 geführt und dann in die Franz-Asenbauer-Gasse 49–51 in Wien-Liesing verlegt. Von 1963 bis 1968 wurde die Klosteranlage für die Nutzung durch die Hochschule für Musik und darstellende Kunst Wien umgebaut.

Das Kloster kann auf einen prominenten Geistlichen verweisen, der hier wirkte: Klemens Maria Hofbauer, der Schutzpatron von Wien, kam 1808 zurück in die Kaiserstadt und diente als Seelsorger zunächst in der Minoritenkirche und anschließend als Kaplan und Rektor der Ursulinen in der St.-Ursula-Kirche. Durch seine wortgewaltigen Predigten gewann der „Apostel von Wien" rasch Bekanntheit, die Polizeibehörden fühlten sich bemüßigt, den u. a. mit Clemens Brentano und Joseph von Eichendorff befreundeten Kleriker zu bespitzeln.

Wer das Glück hat, sich in der Unterwelt des Gebäudes umsehen zu können, der erkennt recht bald, dass es sich um eine alte und sehr schöne Bausubstanz handelt, die im Vergleich zum jetzigen modern gestalteten Ambiente in den oberen Bereichen des Hauses eine völlig andere „Sprache" spricht. Wir gelangen in einen Raum, der einen Altar beherbergt. An den Wänden werden wir von EDV-Kabeln begleitet. Die Netzwerkfirma hat ihre Datenkabel, die für die oberen Computerarbeitsplätze benötigt werden, hier unten gleich durchgezogen. Ein Verteilerschrank steht auch hier unten! Doch wir befinden uns nicht in einem normalen Keller. Wir stehen in einer Gruft! In einer Gruft, deren Wände mit Totennischen gestaltet wurden. Totennischen, die vermauert sind. Manche sind beschriftet oder mit Metalltafeln versehen. Während hier über die Datenkabel Millionen von Bits und Bytes dahinrasen, warten die Toten auf den Tag des Jüngsten Gerichts. Die Gruft macht auf uns den Eindruck, dass sie auch ein wenig als Abstellraum genutzt wird. Na ja, wo herrscht nicht Platzmangel? Es wird uns erklärt, dass wir uns gerade unter der Kirche befinden!

Ein unterirdischer Sakralraum, der unter der Profanierung des Gebäudes gelitten hat: die Gruftkapelle der Ursulinen.

„Requiescat in pace“ – Metalltafeln geben letzte Hinweise auf die Verstorbenen.

Stürzt die Abmauerung ein, wird dahinter der bunt bemalte Sarg sichtbar.

Zu wenig Platz für den Leichnam? – In manchen Fällen ragt der Sarg aus der Totennische vor.

Bei zwei der Sargnischen ist die Abmauerung geöffnet worden. Es scheint so, als habe hier jemand einen Blick in die Grabkammer werfen wollen. Im Licht unserer Taschenlampen leuchten auch wir hinein. Die Sargnische ist mit einer gewölbten Kammerndecke ausgefertigt worden! In der Nische befindet sich ein Holzsarg, der an der Stirnseite mit einer schlichten Malerei versehen ist.
Viele der abgemauerten Sargnischen besitzen nicht einmal eine Beschriftung. Einige der Grabkammern seien hier noch besonders zu erwähnen: Entweder war der Leichnam zu groß oder wurden einige der Sargnischen zu klein ausgeführt. Wir sehen, dass hier Bretter aus der Wand herausragen – das offenbar zu wenig Platz in der Kammer war, ließ man den Sarg einfach vorragen.
Von dieser Gruft führen Treppen zu einer abgemauerten Stelle an der Gruftwand. Hier war einst der Originaleingang in die Krypta. Es besteht der Verdacht, so wurde uns im Februar 2012 vom mittlerweile verstorbenen Haustechniker berichtet, dass sich unter dem Gruftraum, in dem wir uns gerade aufhalten, noch eine weitere Gruftkammer mit weiteren Sargnischen befindet. Der jetzige Boden der Gruft ist nicht der Originalboden. Er ist ein aufgeschütteter Bereich, der ursprünglich nicht vorhanden war. Der Originalboden der Gruft lag einst viel tiefer, man erkennt das an den sichtbaren Öffnungen der Sargnischen, die jetzt zum Teil unter dem derzeitigen Bodenniveau liegen. Als einmal Handwerker mit einem 50 Zentimeter langen Bohrer am Boden der Krypta ein Loch für eine Befestigung bohren wollten, rutschte der Bohrer schon nach kurzer Zeit ins Bodenlose! Angeblich soll es hier unten kostbare Särge geben, die aus Silber gefertigt wurden.
In der Krypta der Ursulinnen gibt es noch eine weitere Besonderheit. Man hat hier die Möglichkeit, in einen alten Stadtbrunnen Einblick nehmen zu können. Wie tief der Brunnen ist, können wir nicht sagen. Eine aus Brettern errichtete Absperrung unter dem Einstieg versperrt uns den Blick nach unten. Rätsel, die es noch zu lösen gilt!

KAISER JOSEPHS GUGELHUPF UND EIN UNTERIRDISCHER GANG

War lange Zeit verschüttet: der Gang unter dem Narrenturm.

Bei den Wienern war er einfach „Kaiser Josephs Gugelhupf": der Narrenturm, errichtet zum Wegsperren der Verrückten. Der Arzt Joseph von Quarin (1733–1814), Leiter der Oberdirektion des Allgemeinen Krankenhauses und Leibarzt des Kaisers, entwarf einst die Pläne für diese seltsame „Klapsmühle" – ein Kerker für Irre, fünf Stockwerke hoch, mit 28 Zellen in jedem Stockwerk, jede Zelle für zwei Kranke vorgesehen. Der Narrenturm ist das Stein gewordene Symbol für den Versuch einer zunehmend in Normen denkenden Gesellschaft, die außerhalb der Norm stehenden Menschen wegzusperren, „gesondert" zu behandeln. Der Narrenturm, so der Historiker Martin Scheutz, ist „Architektur gewordene Überwachungsphantasie" und „gleichzeitig auch ein Manifest des beginnenden Ausschlusses der Geisteskranken aus der Gesellschaft, der Disziplinierung von Geisteskrankheit in ‚Irrenanstalten'. Die Geisteskranken traten mit dem ‚Narrenturm' aus der polymorphen Masse der ‚Armen' als eigene Kategorie hervor."

Ein Reisender, der 1789, wenige Jahre nach der Eröffnung, den Narrenturm besichtigte, berichtet über seine Eindrücke: „Ein großer Theil der Unglücklichen, hier Eingesperrten, sind Soldaten. Viele sind nicht in die Behältnisse eingekerkert, sondern sitzen und laufen in den Gängen umher. Manche liegen an Ketten in ihren Kerkern, und sind an die Wände angeschlossen." Der Schriftsteller und Franzosenhasser Ernst Moritz Arndt, einer der viel zitierten Ahnherren der deutschnationalen Bewegung, den eine Bildungsreise 1798 nach Wien führt, findet dagegen die Zustände durchaus angemessen: „Alles ist mit der größten Sorgfalt und Genauigkeit eingerichtet und wird in Ordnung und Reinlichkeit gehalten, dass ich erstaunt bin, wie es unter diesen Halbmenschen möglich sei. Dieser Turm hat nach allen Seiten reichen Luftzug und Himmelslicht. Unten ist ein Garten, wo die Halbtollen und Genesenden spazieren können." Interessant ist die Sprache, mit der Arndt die Geisteskranken diskriminiert – sie sind für ihn nur mehr „Halbmenschen".

Die Ausstattung des „Tollhauses" hatte mit Respekt vor der Würde des Menschen wenig zu tun. So gibt es im ganzen Gebäude kein Wasser – ein merkwürdiges Faktum, denn im Allgemeinen Krankenhaus nebenan wird zur selben Zeit eine eigene Wasserleitung mit Fließwasser installiert, das sogar schon die Klosettanlagen versorgt. Im Narrenturm hat man in den Zellen Abtritte eingebaut, von denen die Exkremente in Röhren abgeleitet werden. Wegen des Gestanks, der davon ausgeht, werden diese „Löcher" bald vermauert und durch „Leibschüsseln" ersetzt. Geheizt werden soll der „Gugelhupf" durch vier unterirdisch angelegte Öfen, von denen die Warmluft in Röhren zu den Zellen geführt werden soll – das „moderne" Heizsystem funktioniert jedoch nicht, im Winter müssen daher auf den Gängen Öfen aufgestellt werden. Die Zellen sind mit Ringen am Fußboden und an der Wand versehen, an denen Ketten zum Anschmieden der Kranken befestigt werden können. Dabei wird zwischen den Kranken durchaus differenziert:

Stein gewordene „Überwachungsphantasie“: der Narrenturm, ein weltweit einzigartiges Denkmal zur Geschichte der „Irrenanstalten“.

Die „ruhigen Wahnsinnigen haben alle Betten“, heißt es in einer Beschreibung aus dem März 1785 im *Neuen Magazin für Ärzte,* die „Wüthenden bekommen Strohlager, und werden nach Erforderniß geschlossen (= angekettet, *Anm. J. S.),* wozu schon in jedem Behälter die Einrichtung getroffen ist. So viel wie möglich ist, bringt man diejenigen, die sich oft verunreinigen, in das oberste Stockwerk, damit sie durch ihren Gestank nicht so sehr das ganze Gebäude anstecken. In jeder Abtheilung dieses Tollhauses sind ein Wärter und zwey Wärterinnen angesetzt, die in einem Mittelgebäude, das inwendig den Thurm durchschneidet, wohnen. Ein Arzt hat die innere Kurversorgung der Tollen. Er bekommt dafür jährlich 600 Gulden, und giebt einen Tag um den andern des Nachmittags um drey Uhr die Visite. Ausser ihm ist noch ein Wundarzt mit einem Assistenten angesetzt, die beyde im Thurme selbst wohnen.“ Die Möblierung der mit Steinplatten ausgelegten Zellen ist spartanisch: ein Tisch und ein Stuhl bilden die ganze Einrichtung der „Zimmerchen“, verschlossen werden sie mit einer Doppeltür, „zuerst ein Gitter von Eisen, und dann noch eine wohlbeschlagene hölzerne Thüre“. Das Essen wird den „Tollen und Unsinnigen“ durch ein kleines Fensterchen in der Tür gereicht, ohne Messer und Gabel, damit sie sich nicht verletzen können.

Der verschwundene Thron der Liebe

Wir finden: Je mehr man über den Narrenturm, der 1869 den Betrieb einstellte, erfährt, desto unheimlicher wird er dem Besucher. Versteckt und den flüchtigen Blicken der Passanten meist gar nicht weiter auffallend, steht er im sechsten Hof des ehemaligen Allgemeinen Krankenhauses. Wir umrunden das unheimliche kreisrunde, denkmalgeschützte Gebäude und fragen uns, was man sich bei der Wahl diese Form wohl gedacht hat. Sollte der runde Innenhof, wie Dieter Jetter vermutet, tatsächlich „wie ein In-

Ein unheimlicher Bau: auf dem Dachboden des „Tollhauses".

Ein Ort, von dem sich Kaiser Joseph II. seltsam angezogen fühlte: der Dachboden des Narrenturms, ursprünglich überragt von einer kleinen „Rotunda", dem „Thron seiner Liebe".

dustrieschlot" die „miasmatischen Ausdünstungen" der verwahrlosten und verdreckten Irren nach oben ziehen und „in den Himmel wirbeln"? Oder diente die ganze Anlage nur vordergründig als Verwahranstalt für Geisteskranke und verbarg sich dahinter, wie Alfred Stohl zu beweisen versucht hat, ein „geheimes, nicht jedem offen erkennbares, Zahlensystem", das einer „inneren Alchemie" folgte und eine „durchgängige Verbindung zwischen Mikro- und Makrokosmos, vergleichbar einem Band oder einer Kette", herstellen sollte? Ausgangspunkt für Stohls Überlegungen ist die Zahl 28 – die Anzahl der Zellen pro Geschoss. Die 28 sei als vollkommene (tetraktische) Zahl bekannt gewesen, ebenso ihr Bezug zum Mondmonat, der mit 28 Tagen berechnet wird. Weitere Zahlen, die helfen würden, das Geheimnis des Narrenturms zu entschlüsseln, seien 5, 19 und 21: Die Fünf entspreche der Zahl der Geschosse, 21 Klafter betrage der Durchmesser des zylindrischen Baues und auch die tetraktische Zahl 19 sei in der „mikrokosmischen Struktur" des Gebäudes enthalten. Genau diese Zahlen, so Stohl, würden sich auch in dem 1785 in Altona erschienenen Buch *Geheime Figuren der Rosenkreuzer* finden. Zahl für Zahl würden sich überraschende Bezüge zur kabbalistisch-rosenkreuzerischen Zahlenmystik herstellen lassen. Offen muss aber auch Stohl die Frage lassen, wer denn ein solch komplexes Zahlenspiel in Architektur hätte gießen können.

Auch wenn man der angestrengten Beweisführung Alfred Stohls nicht folgen mag, so bleiben doch Fragen: Warum befasste sich Joseph II. so eingehend mit dem Narrenturm? Was bewog ihn, wie gut dokumentiert ist, das

„Haus der Wahnwitzigen" so oft zu besuchen? Was hatte es mit dem kleinen achteckigen Türmchen am Dach des Gebäudes, von Alfred Stohl „Oktogon" genannt, für eine Bewandtnis?

„Miasmatische Ausdünstungen" sollten nach oben abgeleitet werden: der Innenhof, versehen mit dem Baugerüst der Renovierungsarbeiten.

Das Türmchen, von den Zeitgenossen auch als „Belvedere" bezeichnet, wurde auf besonderen Wunsch des Kaisers errichtet, vermutlich um 1900 wurde der auf alten Fotografien noch erkennbare Bau aus unbekannten Gründen abgetragen. Eine bemerkenswerte, vielleicht etwas überzeichnete Vorstellung vom Verhältnis Josephs II. zu diesem Türmchen gibt der dänische Dichter Adolph Wilhelm Schack von Staffeldt-Leonet (1769–1826), der 1796 den Narrenturm besichtigte, sechs Jahre nach dem Tod des Kaisers in seinem *Wiener Tagebuch*: „Jeder, der diese Stiftung Josephs II. besucht, wird wohl nicht unterlassen, in die Laterne, die auf das viereckige Genbäude im Hofe gesetzt ist, zu steigen. Joseph stieg hier in jeder Woche mehrmals hinauf. Diese Rotunda war gleichsam der Thron seiner Liebe, von welcher sie ihre Tochter, die große Stadt unten, mit zärtlichen Blicken umfasste. Die Aussicht ist in der That schön. Auf der einen Seite entfaltet sich eine große Landschaft, in welcher das Gebirge, auf welchem Kobenzl, Galizinberg und die anderen Landsitze liegen, und dessen Abhang durchaus mit Wein bepflanzt ist, herrscht; auf der anderen Seite breitet sich wie ein Modell, in welches man herabschaut, die Stadt aus mit ihren Feueressen, gleich vielen dampfenden Vulkanen. (…) Es tut dem Herzen wohl, daran zu denken, dass Joseph oft hier, in Liebe entflammt, in Entwürfe versunken gestanden hat. Die Anstalt erhob sich für den Besucher zum Denkmale des

Edlen, zum Tempel des Verklärten, in welchem das Lallen der Kranken ihm zum Lobgesang erschall." (*Wiener Medizinische Wochenschrift* 1886, Nr. 10, 11, 12, zitiert nach Stohl, *Narrenturm.*) Schack von Staffeldt-Leonet hat für seine Leser auch eine Theorie zur Form des Narrenturms parat: „Diese runde Form sollte Symbol des Tollen sein, nach der Redensart *tourner la tete*" – eine Erklärung des dänischen Romantikers, die wohl nicht zutrifft. Zu Recht stellt Alfred Stohl allerdings die Frage, ob nicht Joseph die Aussicht über Wien von einem anderen Punkt der Stadt weitaus besser hätte genießen können, unbeeinträchtigt von dem „wilden, dumpfen Getöse", welches das Haus den ganzen Tag über erfüllte. Seine Antwort: Nicht die schöne Aussicht zog Joseph Woche für Woche auf den Narrentum, sondern die Sehnsucht nach neuer spiritueller Energie, die von der zahlenmystisch perfekt organisierten „Maschine" Narrenturm geliefert wird. Hier, im Oktogon, gelänge dem Kaiser die „transmutative Verbindung", er könne da „überall hin, sogar zu Gott gelangen – über sein fabelhaft wirksames Gebet der Zahlen. Es ist das Wunder des Einen, der allumfassenden Einheit, der Eins – der Kleinheit und Größe der Zahl Eins – aus der alles entsteht, die in allem enthalten ist und aus der alles geschaffen wurde". Es könnte sein, so die Hypothese Stohls, dass Joseph II. im Narrenturm eine „höhere, göttliche Ordnung" gespiegelt sah und sich die davon ausgehende Kraft zu Nutze machen wollte.

Der unterirdische Gang

Wir betreten den Innenhof des alten „Tollhauses". Hier stehen Baugerüste, das über 200 Jahre alte Gebäude wird eben einer gründlichen Renovierung und Erforschung unterzogen. Seit 2012 untersteht der Narrenturm der Verwaltung durch das Naturhistorische Museum, der Generalumbau ermöglicht es auch uns, einen genauen und tieferen Einblick in das sonderbare Gebäude und seine Bausubstanz zu nehmen.

Versteckt unter einer Falltür, befindet sich ein bis vor kurzem noch verschütteter Gang, der unter den untersten Zellen des Gebäudes entlangführt. Laut Aussagen von Zeitzeugen war dieser unterste Bereich im Zweiten Weltkrieg als Luftschutzkeller für die Bevölkerung vorgesehen.

Wir haben als Erste die Möglichkeit, diesen unterirdischen Gang zu sehen und zu beschreiben. Über eine aus Holz gefertigte Klappe, die wir öffnen, steigen wir einen Treppenabgang in den unteren Bereich des Narrenturmes hinab. Hier geht es zum besagten Lüftungskanal.

Der unterirdische Gang ist bereits in der Bauphase des Jahres 1784 entstanden und in den ältesten Plänen eingetragen. Dieser heute so geheimnisvoll wirkende Gang, der lange Zeit verschüttet war, hatte ursprünglich eine sehr praktische Funktion: Er war Teil der erwähnten Lüftungs- und Heizungsanlage des Gebäudes. Ursprünglich führte man über diesen Gang die warme Luft zu den einzelnen Zellen des „Tollhauses". Man nutzte hier wie bei den römischen Hypokaustheizungen den Effekt, dass warme Luft im

Heute nicht mehr vorhanden: der ehemalige Abstieg zum unterirdischen Gang, der später als Luftschutzanlage gedacht war.

Ein Falltür verschließt den Zugang zum unterirdischen Gang.

Eine der Gangerweiterungen in der Unterwelt des Narrenturms.

Heute völlig freigelegt und vom Schutt befreit: der unterirdische Gang unter „Kaiser Josephs Gugelhupf".

Vergleich zur kalten Luft aufsteigt. Wie oben ausgeführt, hat die Heizungsanlage nicht wirklich funktioniert und musste bald eingestellt werden. Die Folge war, dass es im Haus keine zentrale Heizung mehr gab. Im Winter litten die Kranken daher unter der Kälte. Die in den Gängen notdürftig aufgestellten Kanonenöfen boten keine ausreichende Versorgung mit Wärme. 1827 startete man deshalb einen neuen Versuch mit der sogenannten „Meissnerischen Heizung", bei der die erwärmte Luft durch die Luken der Zellentüren in die Räume geleitet wurde, aber auch dieses Heizungssystem scheiterte – es erwies sich als zu aufwendig und zu kostspielig.
Nachdem er lange Zeit verschüttet war, hat man sich darangemacht, diesen Gang wieder auszuräumen und ihn für das Verlegen diverser moderner Installationen zu nützen. Beim Ausräumen des mit Schutt verfüllten Lüftungsganges, so wird uns erzählt, habe man das Fragment einer kommunistischen Zeitung entdeckt. Kein Zufall, denn im Narrenturm habe es im Zweiten Weltkrieg „mehr Kommunisten als Blockwarte" gegeben.
Gerade noch vor dem Abriss gelingt es uns den bei Erscheinen dieses Buches bereits nicht mehr vorhandenen Abstieg in den als Luftschutzkeller gedachten Teil des Kellerganges zu fotografieren. Mit weißen Pfeilen an der Wand des Innenhofes wird auf ihn hingewiesen. Bereits einige Tage nach unserem Besuch hat man diesen Abgang abgerissen, alle Spuren sind vernichtet worden.
Nicht entgehen lassen wollen wir uns die „Objekte" im „wohl seltsamsten Museum Wiens" (Gerhard Roth, *Eine Reise in das Innere von Wien*), dem Pathologisch-Anatomischen Bundesmuseum, die 1971 in den Narrenturm übersiedelt wurden. Eduard Winter, der Leiter der Sammlung, führt uns durch die mit menschlichen Missbildungen vollgestopften Räume – ein Rundgang vorbei an Feuchtpräparaten und Skeletten, der nichts für schwache Nerven ist: eine Schau des Abnormen, fein säuberlich in Formaldehyd konserviert, ein Panoptikum des Schreckens, vom Wasserkopf bis zu Siamesischen Zwillingen und monströsen Deformationen. Eine Sammlung, die im Narrenturm ihre passende Umgebung gefunden hat. Sie erinnert uns daran, dass hier Tausende von Menschen gelitten haben, ihr Leid und ihre Verzweiflung aber kaum jemanden berührt haben – in den Akten schlummert so manches tragische Schicksal. Alfred Stohl zitiert etwa folgenden Fall, der in den AKH-Direktionsakten dokumentiert ist: „Der Militair-Invalide Jour Peter, welcher sich seit 25. August 1811 im Tollhause befindet, hat sich am 3 ten d. M. Nachmittags gegen 4 Uhr in seiner Kammer mit einem aus gezupfter Kotzenwolle verfertigten Stricke erhängt, wurde aber noch lebend ertappt und stieß noch in der selben Minute mit Füßen nach dem Wärter, welcher ihn gerettet hat."
Mit Mitgefühl konnten die Insassen nicht rechnen – im Gegenteil: Die Quellen berichten uns, dass sich die Wiener einen Spaß daraus machten, am Sonntag zum „Gugelhupf" zu wandern und hier die „Wahnwitzigen", die von den Wärtern ins Freie geführt wurden, damit sie etwas frische Luft schöpfen konnten, ein wenig zu necken …

GÖTTERDÄMMERUNG UNTER DER HOFBURG

Und der Keller? Gewiß wird man ihn nützlich finden. Man wird ihn rationalisieren, indem man seine Bequemlichkeiten aufzählt. Zuerst ist er jedoch das dunkle Wesen des Hauses, das Wesen, das an den unterirdischen Mächten teilhat. Wenn man dort ins Träumen gerät, kommt man in Kontakt mit der Irrationalität der Tiefen.

Gaston Bachelard, Poetik des Raumes

Was mag sich hinter dieser Absperrung verbergen? Die Keller der Hofburg geben so manches Rätsel auf.

Eine steile Treppe führt hinunter in das Reich der Finsternis. So groß die Begeisterung für ein wundervolles Gebäude wie die Hofburg auch ist, so wenig kann der oberirdische Bereich mit der magischen Anziehungskraft, welche die unterirdischen Zonen auf uns ausüben, konkurrieren. „Nichts ist mächtiger als die Anziehungskraft des Abgrundes", schrieb einst der Dichter und Visionär Jules Verne in seinem Buch *Reise zum Mittelpunkt der Erde*! Und genau so ist es auch. Als wir hier die Keller in Augenschein nehmen, begreifen wir sehr schnell, dass hier über die Jahrhunderte ein gewaltiges Labyrinth, ja ein unglaubliches Netz an lebenserhaltenden Adern für die Hofburg entstanden ist: Alle Kraft für die Hofburg kommt aus der Tiefe! Die Energieversorgung für alle Stockwerke nimmt ihren Ursprung vom Keller aus. Jede Klimaanlage mit allen dafür notwendigen Kompressoren und jede Frisch- und Abwasserleitung, alle Heizungsrohre und EDV-Kabelstränge kommen aus den dunklen Tiefen der Kellergeschosse. Ein unglaubliches Labyrinth unter der Erde, dass gleichsam, wie Realis schreibt, „eine zweite unterirdische Burg" bildet und damit den Beweis für das alte, schon von Aeneas Piccolomini erwähnte Sprichwort liefere, dass es ein „doppeltes Wien" gebe, ein oberirdisches und ein unterirdisches.

Niemand kennt vermutlich mit Sicherheit alle Kellerräume dieses einzigartigen, über die Jahrhunderte gewachsenen Gebäudes, das heute einen der größten zusammenhängenden Baukomplexe der Welt bildet. Viele heute nicht mehr ihren ursprünglichen Zweck erfüllenden Gänge sind noch vorhanden. Die großen Belüftungsgänge werden heute für den Transport von anderen Energieformen wie Fernwärme und Strom genutzt. Doch es gab einmal eine Zeit, in der dem kalten Winter nicht durch ein Fernheizwerk getrotzt wurde, sondern die benötigte Energie in den Kellern aller Prunkbauten entlang der Ringstraße selbst erzeugt wurde. Jeder Palast hatte seinen Heizer und man war froh, wenn dieser auch pünktlich auf seinem Arbeitsplatz erschien.

An einigen Stellen sind die gigantischen, in der Mitte des Tores gelagerten Klappen, die wie Drehventile funktionierten und die Belüftung ganzer Gangabschnitte regulierten, noch immer zu sehen. Hier in den Kellern der Hofburg hat man noch die Möglichkeit, diese Tore in den verschiedensten Profilvarianten zu studieren. Heute nicht mehr in Verwendung, hat man es nicht übers Herz gebracht, sie zu demontieren. Ein Glück für jeden technikinteressierten Menschen, der noch einmal vor Augen geführt bekommt, mit welch enormem Aufwand früher einmal Lüftung und Heizung betrieben worden sind. Wie Riesenschlangen durchdringen die starren Fernwärmerohre den Keller. Immer den kürzesten Weg vor Augen, suchen sie ihre verborgenen Ziele. Vereinzelt stoßen wir auch noch auf Wandbeschriftungen aus vergangenen Tagen.

Der alte Hofweinkeller

Wien war einst „voller Katakomben des Weins" (Gerhard Roth), da konnte auch die Hofburg nicht zurückstehen, ja, sie besaß einen imposanten „Hofweinkeller", der sich unter dem Inneren Burghof befand und über den Eingang bei der Zuckerbäckereistiege neben der Hauptwache erreicht werden konnte. Realis, der uns schon Details zum Theseustempel erzählt hat, weiß in seinem Führer zur kaiserlichen Burg auch über den Weinkeller des Kaisers bestens Bescheid: „In seinen verschwiegenen, dunkeln Hallen wird ein Schatz von kostbaren und selten gewordenen alten österreichischen Weinen aufbewahrt", angeblich finde sich hier sogar noch ein „Gewächs des Jahres 1499", der sogenannte „Weinstuben-Wein". Damals hätte es in Wien eine derart reiche Weinernte gegeben, dass „man in der Eile große Behältnisse von Brettern aufschlug, die man ‚Weinstuben' nannte". Das Lesen der Trauben hätte damals Tag und Nacht bis zum Fallen des ersten Schnees gedauert. Die Zahl der donauaufwärts transportierten Weinfässer hätte das übliche Maß um zwei Drittel überschritten, viele Menschen hätten sich auch einfach zu Tode getrunken. Realis erzählt aber auch eine Geschichte, die uns hellhörig macht: Bei der Besetzung Wiens durch die Franzosen in den Jahren 1805 und 1809 hätten „treue Hofdiener" diese kostbaren Weinvorräte „den gierigen Blicken und durstigen Kehlen der eingedrungenen fremden Schmarotzer dadurch entzogen, daß nächtlicher Weile in großer Eile die Eingänge zu den tieferen und untersten Stockwerken des Kellers vermauert und die frischen Plätze mit Erde und Schutt bedeckt wurden" – da stellt sich uns sofort die Frage, ob denn all die vermauerten Eingänge nach dem Abzug der *Grande Armée* auch wieder geöffnet worden sind oder manche in Vergessenheit gerieten und mit ihnen auch so manche Weinvorräte des Kaisers.

Die „Kapuzinergruft für den Wein" (Gerhard Roth) befand sich allerdings im Statuendepot – es war dies ein riesiger Keramikbehälter, der die gewaltige Menge von 731,5 Hektoliter Wein aufnehmen konnte.

Schirachs letzter Befehlsstand

Wir gelangen an Stellen, in denen Gänge über ihr gesamtes Profil hin abgemauert wurden. Wir sind auf der Suche nach einem ganz bestimmten Raum. In einem der Kellerräume findem wir eine demontierte Luftschutztür und wundervoll gefertigte alte Heizkörper. Der Raum spielte im Zweiten Weltkrieg offenbar eine wichtige Rolle – befand sich hier der letzte un-

Wunderschöne alte Heizkörper wurden in den Keller verfrachtet und dann vergessen …

terirdische Befehlsstand von Gauleiter und Reichsverteidigungskommissar Baldur von Schirach?

Schirach war kein Kriegsmann und wollte auch nicht als Held für seinen „Führer“ sterben. Als am 6. April 1945 die Rotarmisten Marschall Tolbuchins Wien in die Zange nahmen und nach einem Umgehungsmanöver auch von Westen angriffen, zog er es vor, den Gaubefehlsstand am Gallitzinberg, bekannt als „Schirachbunker“, mit seinem Stab zu räumen und in die Unterwelt der Hofburg zu übersiedeln – hier, unter dem großen Haus des Kaisers, fühlte sich der Nazi, der Gedichte schrieb, offenbar sicherer. Seit längerer Zeit bestand hier das unterirdische Reservelazarett 22 L, daneben richtete man nun einige Räume provisorisch für den Gauleiter und seine Männer ein. Karl Zischka, der Leiter der Funk-Zentrale im Schirachbunker, dem es gelungen war, den Funkcode der US-Bomberverbände zu knacken, erinnert sich in der ORF-Dokumentation *Österreich II. Die Wiedergeburt unseres Staates* noch an Einzelheiten der Notunterkunft, die mit einigen Überraschungen aufwartete: „Es waren Stockbetten drin, es war also nicht elegant. Aber es gab eine Art Götterdämmerungsstimmung. Es gab Konservendosen und Kaviar, und der Champagner ist geflossen. Alles, was wir unendlich lang nicht mehr gesehen haben, das also war der Weltuntergang – jetzt ist alles vorbei.“

Karl Zischkas erster Auftrag ist es, seine Funkgeräte aus dem Schirachbunker in den Hofburgkeller zu bringen, Schirach schickt ihm dazu einen Schnellpanzer, der bis zu 90 km/h fahren kann, zum Gallitzinberg, die spektakuläre Aktion gelingt: „Ich habe meine Funkgeräte da hineingebracht, soviel ich brauchen konnte. Wir mußten ja täglich um vier Uhr nachmittags mit dem Führerhauptquartier in Verbindung treten." Alles läuft nach Plan: Der Schnellpanzer mit drei Mann Besattzung – dem Fahrer und zwei Soldaten – bringt Zischka und seine Geräte sicher zum Heldenplatz, der bereits seit dem 4. April abgesperrt ist, um vier Uhr steht der Funkkontakt nach Berlin.

Die Stimmung im Bunker ist trotz des raschen Vordringens der Russen weiter gut: „Und jeder hat an den Sieg geglaubt. Jeder hat an die Wunderwaffe geglaubt, die irgendwie noch eingesetzt werden sollte. Die Funkverbindungen haben wir bis zum Schluss aufrechterhalten, bis es plötzlich geheißen hat, die Herren setzen sich ab, Richtung Nord, also Richtung Bisamberg, in eine kleine Ortschaft in der Nähe vom Bisamberg."

Doch noch ist es nicht so weit: Wohl am 7. April ist „Scarface" Otto Skorzeny, der Befreier Mussolinis, zu Gast unter der Hofburg – Skorzeny selbst gibt in seinen Erinnerungen den 10. April an. Auf den SS-Obersturmbannführer wirkt das Kellerreich Schirachs eher feudal: „Auf dem Boden lagen prachtvolle Teppiche, an den Wänden hingen Schlachtenbilder und Porträts von Generälen aus dem 18. Jahrhundert. Im Vorzimmer wurde gegessen, getrunken und gelärmt. Ich mußte dem Gauleiter erklären, daß ich in der Stadt keinen einzigen deutschen Soldaten zu Gesicht bekommen hätte und daß die Barrikaden unbesetzt seien." Die Erwähnung der Teppiche und der Schlachtenbilder aus dem 18. Jahrhundert stimmt uns misstrauisch – wer hat

Abmauerungen, auch aus neuerer Zeit, lassen unsere Neugier weiter wachsen …

Eines der letzten noch vorhandenen Tore, die ehemals der Regulierung des Luftstromes dienten.

in diesen chaotischen Tagen noch an historische Darstellungen gedacht –, hat hier Skorzeny etwas verwechselt oder sollte der Bunker doch schon längere Zeit vorher eingerichtet worden sein? Zutreffend ist sicher, was Skorzeny über den Realitätsverlust Schirachs berichtet, der noch immer von zwei Elitedivisionen spricht, die zum Angriff bereitstünden. Skorzeny resigniert und verabschiedet sich: „Jede weitere Diskussion war sinnlos. Ich verabschiedete mich. Schirach sah mich an: ‚Skorzeny, meine Pflicht ist in drei Wörtern ausgedrückt: siegen oder sterben!'" Mit dem „Sterben" können sich aber beide Herren nicht anfreunden: Skorzeny verlässt noch am selben Tag über die Floridsdorfer Brücke Wien; Schirach selbst muss zwei Tage später erkennen, dass die Lage aussichtlos ist. Angeblich ist es sein Adjutant, SS-Obersturmführer Fritz Wieshofer, der zu ihm in den Raum stürzt und ruft: „Reichsleiter, es ist ja wohl nicht deine Aufgabe, die Hofburg mit der Pistole in der Hand zu verteidigen!" – und so kam es, dass die Residenz der Habsburger von den Nazis nicht verteidigt wurde. Schirach wirkte erleichtert, soll laut Wieshofer nur gesagt haben: „Na also! Es ist so weit! Lasst uns fahren!"

Die Fahrzeuge für die „Absetzbewegung" stehen in einem Innenhof der Burg bereits bereit: ein VW-Schwimmwagen für den Gauleiter, ein Mercedes-Cabrio für die Leibwache, vier Mann von der Genesenden-Kompanie des Panzerkorps „Großdeutschland", ausgerüstet mit Maschinenpistolen und einem MG. Dahinter folgt Wieshofer, der in Nürnberg 1946 für seinen ehemaligen Chef aussagen wird, in einem weiteren Schwimmwagen, zwei LKWs mit Lebensmitteln bilden den Schluss der Kolonne, deren Ziel das Gasthaus Hempfling in Flandorf, Gemeinde Hagenbrunn, ist. Baldur von Schirachs Herrschaft über Wien ist zu Ende …

DAS LABYRINTH UNTER DER WOLLZEILE

Ein Keller, der Geschichte erzählt: das Gewölbelabyrinth unter dem Erzbischöflichen Palais.

„Der hastende Alltag zerbricht an seinen Mauern", schrieb einst Wien-Kenner Siegfried Weyr über das Erzbischöfliche Palais in der Wollzeile 2. Als massiver Block liegt es dem Stephansdom gegenüber – unverrückbar, in sich ruhend, ein Gebäude, das den Zeiten getrotzt hat – ein Vorgängerbau wird bereits 1276 erstmals urkundlich erwähnt, in jenem Schicksalsjahr, das einen neuen Herrn innerhalb der Stadtmauern sieht: Rudolf von Habsburg. 1723 wird Wien zum Erzbistum erhoben und seitdem trägt der 1632 bis 1641 errichtete Kirchenpalast den Namen „Erzbischöfliches Palais". Als Reaktion auf die „Rosenkranz-Demonstration" katholischer Jugendlicher am Vortag – diese hatten mit Sprüchen wie „Innitzer befiehl, wir folgen dir!" und „Wir wollen unseren Bischof sehen!" die Wut der Nazis herausgefordert – stürmten am 8. Oktober 1938 Angehörige der Hitlerjugend und anderer Parteiorganisationen in einer „spontanen Aktion" das Palais, zertrümmerten die Fenster und warfen Möbel auf die Straße, ehe sie zum Curhaus weiterzogen und dort den Domkuraten Johannes Krawarik aus dem ersten Stock auf die Straße beförderten.

Es wundert uns daher nicht, dass auch der Keller des Palais Geschichte zu erzählen vermag. Der mit sehr vielen Räumen und Abschnitten ausgestattete Keller wird heute als Lager und Archiv benutzt. Einige Teilbereiche sind der EDV vorbehalten. Wer jedoch das Glück hat, in die tiefste Ebene des Kellers abzusteigen, der erfährt einen abrupten Zeitsprung. Wir kommen direkt in die sehr geräumigen Kellergewölbe, die im Zweiten Weltkrieg den Menschen als Zufluchtsort dienten. Heute in Vergessenheit geraten, entdecken wir hier unten noch immer die Hinweispfeile. Auch die Aborte sind noch vorhanden. Seltsamerweise ist hier ein Gang mit Schutt vollgefüllt – ist es Bombenschutt?

DAS UNTERIRDISCHE ARSENAL

Unter dem „technischen Militär-Etablissement" Arsenal erstreckt sich ein „vollständiges Canalsystem", allein der Hauptkanal weist eine Länge von 1,68 km auf.

Das militärische Konzept, das hinter der Errichtung des Arsenals stand, muss man nicht unbedingt mögen: Ging es den Planern doch eindeutig darum, neben der Kaiser-Franz-Joseph-Kaserne und der Roßauer Kaserne eine weitere „Defensivkaserne" zu schaffen, eine Festung, gerichtet nicht gegen einen äußeren, sondern gegen den „inneren Feind" und als solchen erkannte man die revolutionäre Arbeiterschaft. Bei der Wahl des Standortes hatte daher vor allem ein Kriterium Gewicht: Das gesamte Stadtgebiet musste von hier aus mit Geschützfeuer zu belegen sein. Eine „Arsenalkommission" wurde ins Leben gerufen, die am 28. Dezember 1848 das erste Mal zusammentrat und den Bauplatz aussuchen sollte. Sie entschied sich rasch: Die durch eiszeitliche Ablagerungen gebildete Terrasse außerhalb des Linienwalls bei St. Marx, später „Arsenalterrasse" genannt, bildete nach Meinung der Kommission dafür beste Voraussetzungen und so wurde hier am 21. Juli 1849, ein halbes Jahr nach dem Sieg der Reaktion über das revolutionäre Wien, der Grundstein für die mächtige Anlage des neuen *K. k. Artillerie-Arsenals* gelegt. Die Pläne entwarfen die Akademieprofessoren Carl Rösner, August Siccard von Siccardsburg, Eduard van der Nüll, Ludwig Förster und der Architekt Theophil Hansen.

Sieben Jahre später war der im Stil des romantischen Historismus errichtete Ziegelrohbau fertiggestellt, ein imposanter Gebäude-Komplex mit insgesamt 72 Objekten von 689 m Länge und 480 m Breite (363 mal 253 Klafter), ein „technisches Militär-Etablissement", welches „zur Stunde", wie die *Wiener Zeitung* schwärmte, „seines Gleichen in Europa nicht hat". Zur Beleuchtung der zahlreichen Werkstätten – von der Geschützrohrgießerei bis zum Geschützrohrzielwerk und dem *Geschützrohrvisitirlocal* – hatte man ein eigenes Gaswerk errichtet, das jährlich 9 Millionen Kubikfuß Leuchtgas lieferte und damit 3094 Flammen versorgte. Ein Eisenbahnanschluss erlaubte die bequeme „Zu- und Abtransportierung des verschiedenen Artillerigutes".

Entsprechend pompös wurde die Schlusssteinlegung am 8. Mai 1856 inszeniert, Kaiser Franz Joseph und seine „Sisi" kamen aus diesem Anlass extra aus Laxenburg nach Wien. Zu der „glänzenden militärisch-kirchlichen Feier, deren Andenken sich noch lange im Gedächtnisse der Theilnehmer erhalten" würde *(Wiener Zeitung)*, waren die wichtigsten Würdenträger des Reiches, das diplomatische Korps, die hohe Geistlichkeit und die führenden Militärs geladen. Franz Joseph erschien hoch zu Ross in seiner österreichischen Marschalls-Uniform auf dem Festplatz, Elisabeth folgte ihm in einer zweispännigen, offenen Kutsche, „wie stets", so berichtete das *Fremdenblatt*, war sie „einfach, aber sehr geschmackvoll gekleidet". Für den Schlussstein selbst hatte man eine Stelle im Unterbau der Eingangsstiege zur Arsenalkirche „Maria vom Siege" gewählt. Im hundert Schritte davor errichteten „Kaiserzelt", hinter dem man fünf Tribünen aufgebaut hatte, nahm der junge Kaiser nach der Weihe des Schlusssteins durch Fürsterzbischof Othmar

Wie eine Festung: die Zufahrtsstraße zum Arsenal mit dem Hauptportal. Foto von Wilhelm Burger, 1874.

von Rauscher die letzten feierlichen Handgriffe vor: Ein Metall-Zylinder, der die Urkunde über die Schlusssteinlegung enthielt, wurde von „Sr. Majestät in den vorgerichteten Stein deponirt und dieser dann mit einer Platte geschlossen. Se. Majestät geruhten hierauf mit der Kelle etwas Mörtel auf die Steinplatte aufzutragen und einen darauf gelegten Ziegel mit drei Hammerschlägen zu befestigen." Sisi, die anwesenden Erzherzöge und die Militärs folgten seinem Beispiel und warfen ebenfalls etwas Mörtel auf die Steinplatte, das Publikum quittierte die Szene mit „lebhaften Vivatrufen" (*Fremdenblatt)*, die anwesenden Militärkapellen spielten die Volkshymne, die zur Parade angetretenen Truppen feuerten Gewehr- und Geschützsalven ab und defilierten abschließend vor dem Kaiser.

Der „Eindruck der Feierlichkeit", so resümierte die *Wiener Zeitung*, war ein „allseitig tief befriedigender. Sie war würdig der kaiserlichen Armee, würdig des Monarchen und Obersten Heerführers (...). Es ist im kaiserlichen Artillerie-Arsenale der Gegenwart und Nachwelt eine umfassend nutzbare Schöpfung gesichert worden, deren Bestehen allein schon ein lautes Lob für ihre Meister ist und ein unvergängliches Denkmal ihrer Ausdauer und Geisteskraft in den Annalen Österreichs bildet."

Die in der Artilleriezeugfabrik des Arsenals produzierten Kanonen – immerhin 1000 bronzene gezogene Feldkanonenrohre sollten es jährlich sein – mussten allerdings ihre Mündungen nie gegen die Stadt richten, andere Aufgaben traten in den Vordergund. So richtete man noch 1856 eine Militärvolksschule und später eine Artilleriekadettenschule auf dem

Trainingsgelände: Ausbildung von Kavalleriepferden vor dem Arsenal. Gemälde von unbekannter Hand, um 1870.

Gelände ein und mit dem 1850 bis 1857 errichteten „Waffenmuseum", gelegen hinter dem Mitteltrakt, schuf man einen zentralen Erinnerungsort, eine Ruhmes- und Ehrenhalle für die Waffentaten der österreichischen Armeen, ein Auftrag, der heute vom Heeresgeschichtlichen Museum weitergeführt wird.

Da der gesamte Komplex von einem Bauverbotsrayon umgeben war, hat er bis heute seinen festungsartigen Charakter bewahrt, auch wenn einzelne Gebäude inzwischen sehr unterschiedlich genutzt werden. Das Arsenal ist so als geschlossenes Ensemble zu einem besonderen Wiener Erinnerungsort geworden. Ein Bereich, um den sich zahlreiche Spekulationen und Geschichten ranken, ist der Untergrund der Anlage. Auf Internetforen liest man von Geheimgängen und unterirdischen Räumen, die voller seltsamer Dinge sein sollen. Sehen wir uns dazu die Fakten an: Das Arsenal wurde mit einem „vollständigen Canalsystem" versehen, der Hauptkanal führte, wie die *Neue Militärische Zeitschrift* 1863 zu berichten weiß, in einer Länge von 883 Klaftern (= 1, 68 km) und mit einem Gefälle von 137 Fuß in den Donaukanal. Dazu schlug man 44 Brunnen, von 9 bis 22 Klafter Tiefe, vorgesehen war der Bau einer eigenen Wasserleitung.

Wenn man mit einschlägig interessierten Personen auf die unterirdischen Bereiche des Arsenals zu sprechen kommt, so merkt man recht schnell, dass sich hier im Laufe der letzten 70 Jahre ein unglaublicher „Schatz" an Geschichten, Erinnerungen und Vermutungen angesammelt hat. Das Interesse am Untergrund des Arsenals scheint auch weiter

Auf einem Platz neben dem Arsenal richten Artilleristen die neuen Kanonen ein. Jährlich wurden in der Artilleriezeugfabrik des Arsenals 1000 gezogene Feldkanonenrohre produziert, die Palette reichte von der leichten Feldkanone vom Kaliber 8 cm bis zu schweren Belagerungskanonen und Mörsern.

In einer der Geschütz-rohrwerkstätten des Arsenals. Die passenden Granaten stehen schon bereit.

zu bestehen und nicht im Geringsten abzuflauen. Auf vielen Internetseite und in den Foren der Gelegenheitsbeobachter wird über die unglaublichsten Geheimgänge und die mit seltsamen Dingen angefüllten Kammern berichtet. Doch spekuliert wird wohl immer werden. Dokumentiert ist dagegen die Tatsache, dass in den 1920er Jahren die unterirdischen Gänge unter dem Arsenal als Waffenverstecke beliebt waren – bei Suchaktionen wurde umfangreiches Kriegsmaterial entdeckt, der Skandal schlug damals hohe Wellen.
Wir wollen der Sache auf den Grund gehen und bekommen sowohl im zivilen als auch im militärischen Bereich des großen Areals die Möglichkeit, Einblick zu nehmen. Grundsätzlich kann man davon ausgehen, dass ein so weitläufiges Gebiet, in dem sich sehr viele Menschen aufhalten, nicht ohne einen passenden Untergrund auskommen kann. Schächte für die verschiedensten Leitungsführungen wie für Gas, Wasser, Fernwärme, Strom, Telefon, Daten oder den Kanal bedürfen schon eines ausgeklügelten Netzes an Versorgungseinrichtungen, um den hier arbeitenden Menschen alles Notwendige zu bieten.

Die Ballonhalle

Das mit seiner alten Bezeichnung als Objekt 202, heute jedoch als „Halle 4" bezeichnete Gebäude, errichtet für die k. k. Luftschiffertruppe, steht im Mittelpunkt unseres Interesses. Diese an die 13 Meter hohe Halle, die heute zu den denkmalgeschützten Objekten auf der Landstraße zählt, eignete sich aufgrund ihrer Höhe hervorragend zum Testen von Ballons, die für den militärischen Einsatz entwickelt wurden. Hier wurden etwa die Sperrballone auf ihre Einsatztauglichkeit überprüft. Derzeit ist die Ballonhalle noch ein Teil der Kaserne und wird als Wartungs- und Reparaturwerkstätte für Räderfahrzeuge des Bundesheeres verwendet.
An einer ihrer Stirnseiten weist die Halle einen Stiegenabgang auf, der zu einem Kellerbereich führt. Dieser Keller dürfe einmal als Luftschutzkeller in Verwendung gestanden sein. Nachdem man die Treppen heruntergekommen ist, gelangt man über eine Doppelriegeltür in den ersten Raum. Der Raum ist leer, die spärliche Beleuchtung verleiht ihm eine gewisse mystische Aura.
Es folgen drei weitere Räume in unterschiedlichster Größe. All diese Räume sind durch eine Doppelriegeltür voneinander getrennt. Der Luftschutzkeller weist an mehreren Stellen noch seine Überdruckventile auf. Im hintersten und zugleich kleinsten Raum scheint eine Belüftung oder Heizungsanlage installiert gewesen zu sein. Im Vorraum, gleich nachdem man die Treppen heruntergekommen ist, sieht man die in grauer Farbe gestrichenen Stromanschlüsse, die hier unten an der Wand angebracht wurden. In weiterer Folge diente der gesamte Luftschutzkeller als Lager für die Werkstatt. Die Druckluftversorgung mittels Kompressor und das Warmwasser werden von hier unten für die Werkstatt oberhalb bereitgestellt.

Die „Militär-Aeronautische Anstalt" fasst im Arsenal Fuß: Ein Ballon wird aus der Lagerhalle gebracht. Foto von Karl Demel, um 1890.

Das ehemalige Objekt 202: die Ballonhalle.

Der Luftschutzkeller unter der Ballonhalle.

Luftschutzkeller

unter dem
Objekt 202 (Altbezeichnung)
Objekt 4 (Neubezeichnung)
Arsenal
Kelsenstraße 4
1031 Wien

13.06.2016

Vermessung:
R.Bouchal, A.Simandl

Plan: R.Bouchal

www.bouchal.com

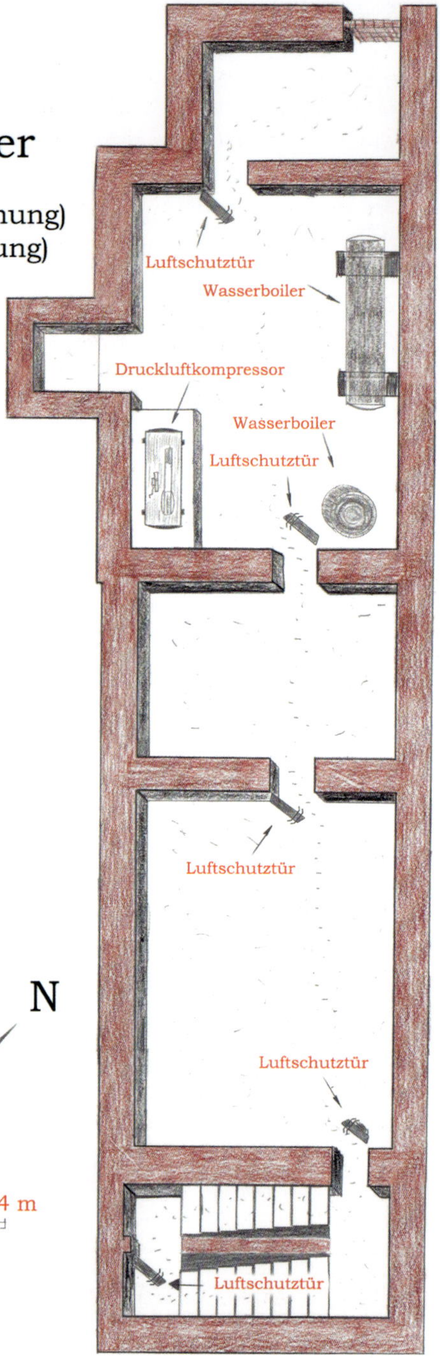

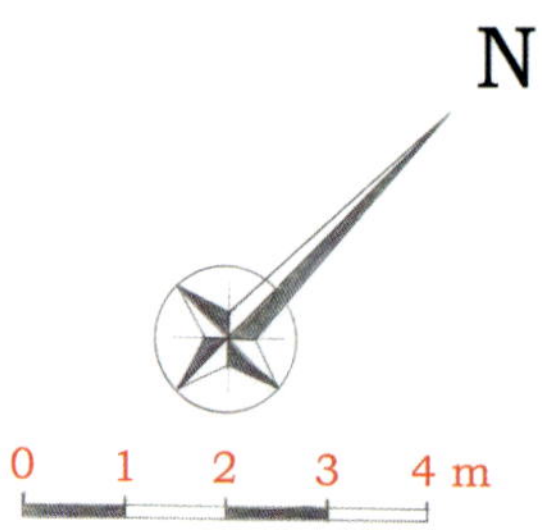

Die Panzerhalle

Nach dem „Anschluss" erinnerten sich die Nazis an die ursprüngliche Funktion des Arsenals und begannen, den Komplex als Kaserne zu nützen. Mit Fortdauer des Krieges wurden die Rüstungsanstrengungen immer intensiver, schließlich wurde auf dem weitläufigen Areal eine Panzerfabrik errichtet. Das Objekt 227, die sogenannte „Panzerhalle", erinnert noch daran. Es handelt sich dabei um eine ganz besondere Halle mit einer beachtenswerten Konstruktion aus Stahlbeton.

Die Panzerhalle ist ein Ort, der in diesen Tagen völlig verändert und umgebaut wird. Die BIG lässt hier mit weiteren Gebäuden eine Forschungsstätte der besonderen Art, das *Science Center,* errichten. Diese Halle bzw. die Art

Bemerkenswerte historische Stahlbeton-Tragstruktur: das Obergeschoss der Panzerhalle im „Urzustand".

Bereits Geschichte: die Aufzugswinde der Panzerhalle.

Die untere Ebene der Panzerhalle. Ab dem Herbst 1944 wurden im Arsenal von der „Werkstatt-Ersatz- und Ausbildungs-Abteilung 17 für Panzerwerkstatt-personal" Panzerreparaturen durchgeführt.

und Weise, wie diese Halle gebaut worden war, weckte das besondere Interesse des Bundesdenkmalamtes, das Wert darauf legt, dass das Betongerippe erhalten bleibt und in die neue Bausubstanz integriert wird. Auch der Bereich unter den Mittelsäulen bleibt unangetastet.
Wir haben noch einmal die Gelegenheit, die Panzerhalle vor ihrem Umbau zu besichtigen und Fotos davon zu machen.

Die eiserne Spitze im Regenwasserkanal

Das gesamte Areal beherbergt wie oben angeführt zahlreiche Regenwasser- und Abwasserkanäle. Einige dieser ziemlich tief gelegenen, unterirdischen Regenwasserkanäle sehen wir uns genauer an. Vor kurzem wurde hier am Rande des Arsenals von einer Möbelhandelskette ein Gebäudeumbau durchgeführt. Bei einem solch großen Bauvorhaben müssen die Abfluss- und Abwassermöglichkeiten aller umliegenden Bauwerke natürlich mitberücksichtigt werden. Wir öffnen auf dem Grund der Kaserne ganz in der Nähe der ehemaligen Baustelle ein Kanalgitter und steigen an die fünf Meter ab. Es ist Sommer und der Regen hat bereits seit zwei Wochen auf sich warten lassen. Gut für uns, denn wir haben es auch hier unten trocken. An der Oberfläche haben wir einen Wachposten zurückgelassen. Es soll darauf achten, dass niemand in den offenen Schacht hineinfällt, und im Notfall soll er auch für uns Hilfe holen können.
Wir folgen diesem sehr schön ausgebauten Kanal. Der Gang wird aus einem geschlossenen Mantel aus roten Ziegelsteinen gebildet. Auch auf dem Boden ist dieser Baustoff verwendet worden. Eigentlich ein wundervolles Kunstwerk, das nur von niemandem gesehen und gewürdigt werden kann. In gebückter Haltung kommen wir hier unten recht gut voran. An den Seiten ragen kleinere Zulaufrohre in unseren großen Gang herein. Plötzlich ändert der Gang völlig seinen Charakter. Wir Blicken über einen weiteren

Forschungsarbeit für viele Tage: Abstieg in den Untergrund des Arsenals.

Unter dem Ausstieg vernimmt man jedes an der Oberfläche gesprochene Wort.

Auf dem Boden des Abwasserkanals haben sich Sedimente abgelagert.

Gut erkennbar: die Spitze der Granate im beschädigten Gewölbe.

senkrecht nach oben führenden Schacht hinauf in Richtung Oberfläche. Ein weiterer Ausstieg, ein weiteres Kanalgitter, durch das Sonnenlicht zu uns nach unten dringt. Ab hier beginnt die moderne, erst vor kurzem neu errichtete Zone des Kanals. Nur mehr aus Beton, jedoch sehr glatt und die Wände ohne Widerstand – das ist die moderne, zeitgemäße Art, einen Regen- oder Abwasserkanal zu errichten. Wir drehen um. Zurück in den alten Teil des Kanals. Vorbei an beiden Einstiegsstellen gelangen wir nun in einen für uns neuen und unbekannten Teil. Es geht immer weiter. Plötzlich ist der Gang verlegt. Die Schale des Ganges wurde von außen oben schwer beschädigt. Erst später erfahren wir, dass hier Probebohrungen durchgeführt wurden. An der Oberfläche ist davon nichts mehr zu sehen. Hier unten, viele Meter tiefer, jedoch sehr wohl. Ein Eisenkorb aus Baustahl, der mit Beton angefüllt ist, ragt wie ein unglaublicher Steher in den Kanal hinein. An mehreren Stellen wurde bei der Bohrung der Kanal getroffen und dadurch beschädigt. Wir finden neben einer Blechtafel ein Stück Holz, einen weißen Keramikisolator und auch einen Knochen.

Wir gehen weiter und kommen zu einer Stelle des Ganges, die uns kurz den Atem raubt. Hier ist das Gewölbe stark beschädigt: Von oben ragt wieder ein mit Beton angefüllter Eisendrahtkorb in den Kanal herein. Daneben schaut aus dem Umgebungsprofil ein unheimliches Ding! Hier ragt eine sehr große Spitze herein. Ein Spitze aus Eisen, die die Form eines riesigen Geschosses hat. Wie lange mag das Ding hier schon drinnen stecken? Was genau ist es? Fragen über Fragen. Wir machen einige Bilder davon und gehen weiter, bis wir an das Ende des Kanals kommen. Hier ist er abgemauert. Zwei Zulaufrohre ragen aus der Wand. Wir drehen wieder um. Vorbei an der unheimlichen Eisenspitze zu unserem vertikalen Eingang bzw. Ausgang.

Als wir wieder im Sichtfeld des Einstieges auftauchen, hören wir von oben, wo uns das Sonnenlicht blendend entgegenkommt, ein erleichtertes Rufen. Unser Begleiter an der Erdoberfläche hat sich wegen der langen Abwesenheit bereits Sorgen gemacht und ist sehr froh, uns wieder gesund und munter im Einstiegsschacht heraufklettern zu sehen.

Nach Rücksprache mit dem Entminungsdienst im Bundesministerium für Landesverteidigung wurde das hier vorgefundene Teil begutachtet und die Eisenspitze als vermutlich ungefährlich eingestuft.

Bedenkt man, dass der aus 177 Millionen Ziegeln erbaute Komplex des Arsenals in der Zeit des Ersten und des Zweiten Weltkrieges eine Waffenfabrik gewesen ist, so ist es gut vorstellbar, dass hier noch im Boden Restbestände und Altlasten dieser Rüstungsproduktion zu finden sind. Wer von uns weiß schon, was man vor Jahrzehnten in offene Gruben hineingekippt hat. Wer von uns weiß, welche alten, uns nicht bekannten unterirdischen Räumlichkeiten als Waffen- oder Munitionsdepot noch immer versteckt im Erdreich liegen. Die Wahrheit kennt nur die Schaufel. Bei zukünftigen, neuen Flächenwidmungen, etwaigen Neunutzungen werden wir mehr erfahren. Erst ab dem Moment, in dem die Schaufel des Baggers die Erde

Ein Ringelspiel hat die Kanonen abgelöst: das Arsenal in den 1950er-Jahren.

ergreift und zur Seite wirft, wird sich zeigen, ob an den vielen Geschichten und Erzählungen über die unheimlichen Hinterlassenschaften im Arsenal etwas dran ist.

Die unterirdische Trafostation

Bei unseren Begehungen werden wir auch auf einen Deckel in einem Wiesenabschnitt aufmerksam. Wir öffnen diesen und steigen ab in einen Kollektorgang, der zur Stromversorgung einzelner Häuser dient. Verfolgt man den Gang zur einen Seite, so gelangt man alsbald zu einer sehr engen und unbefahrbaren Stelle. Zur anderen Seite hin führt der Gang gerade weiter, bis er einen 90-Grad-Winkel beschreibt. Von hier aus geht es gleich steil hinunter in einen leeren unterirdischen Traforaum, der nicht mehr benutzt wird. Die Zellen sind leer.

Die Zellen des unterirdischen Traforaums sind leer.

Eine unglaublich staubige Angelegenheit: der verlassene Sägespäne-Silo.

Der Sägespäne-Silo und der Heizofen

Neben der Tischlerei im Arsenal befindet sich cin etwas höheres Silogebäude, vor dem sich beim Eingang auffällig in den Boden eingelassene Schienen für eine Feldbahn befinden. Die anfallenden Sägespäne konnten hier verheizt werden. Die dadurch gewonnene Wärmeenergie sollte zum Trocknen von Hölzern verwendet werden. Es konnte uns niemand sagen, ob und wie lange dieser Ofen, errichtet von der Maschinenfabrik Heimpel und Besler aus Mödling, in Betrieb gewesen war. Es sieht hier aber aus, als wäre der Heizer gerade erst gegangen und hätte nur seine Schaufel beiseitegelegt. Es ist hier unglaublich staubig und, wenn man zum Ofen hinabsteigt, auch richtig gruselig!

Mit feinem Holzstaub überzogen: ein Antriebsmotor im Untergeschoss des Sägespäne-Silos.

DER KAISERIN-KÖNIGIN
MARIA·THERESIA

KRIEGSRELIKTE UNTER DEM MARIA-THERESIEN-DENKMAL

Huldvolle Landesmutter aus Bronze, thronend auf hohem Sitz zwischen den ehemaligen Hofmuseen: das Maria-Theresien-Denkmal von Caspar Zumbusch und Carl von Hasenauer.

Seit dem Jahre 1888 thront sie hier auf dem großen Platz zwischen dem Naturhistorischen und dem Kunsthistorischen Museum: Maria Theresia, umgeben von den allegorischen Verkörperungen der Kardinaltugenden Gerechtigkeit, Kraft, Milde und Weisheit und umringt von ihren Beratern, Gelehrten und Militärs, inszeniert als huldvolle Landesmutter, mit der Rechten ihre Untertanen grüßend, in der Linken das Zepter der Herrscherin und die Pragmatische Sanktion haltend, jenen Staats- und Verfassungsvertrag, der ihr die Herrschaft in den habsburgischen Ländern ermöglicht hat. Ein monumentales Ensemble, gestaltet zum Gedächtnis an jene Frau, der es mit Tatkraft und Zielstrebigkeit gelang, ihr Erbe zu verteidigen, die mit zahlreichen Reformen wie der Einführung der Schulpflicht den Grundstein für die Entwicklung hin zum modernen Staat legte.

Mit einer Gesamthöhe von 19,36 m und einem Gewicht von 44 Tonnen ist das von Caspar Zumbusch und Carl von Hasenauer gestaltete Monument das größte und schwerste Denkmal an der Ringstraße, ein imposantes Gesamtkunstwerk, an dem über ein Jahrzehnt lang gearbeitet wurde. Für die feierliche Enthüllung des Denkmals setzte man den 13. Mai 1888, den 171. Geburtstag der Regentin, fest. Tribünen für die geladenen Ehrengäste und ein „Hofzelt" für die kaiserliche Familie wurden errichtet; die dem „Andenken der großen Stamm-Mutter gewidmete Feier" *(Neue Freie Presse)* verfolgte zwei Ziele: Zum einen sollte die Festversammlung, zu der Würdenträger und Adelige aus dem ganzen Land geladen waren, ein „Abbild der Einheit und Zusammengehörigkeit des Reiches" geben, zum anderen

Eine großartiges Schauspiel, das die Einheit der Habsburgermonarchie dokumentieren sollte: die Enthüllung des Maria-Theresien-Denkmals am 13. Mai 1888. Foto von Viktor Angerer.

präsentierte Franz Joseph stolz seine große Familie: Über 60 Angehörige des Hauses Habsburg nahmen neben dem Kaiserpaar, Franz Joseph und Sisi, an der Feier teil, darunter auch Kronprinz Rudolf mit Gattin Stephanie und der fünfjährigen Tochter Elisabeth.

Dem Berichterstatter der *Neuen Freien Presse* verdanken wir ein detailliertes Bild der Feierlichkeiten: Knapp vor 13 Uhr fuhr das Kaiserpaar in der Hof-Equipage vor, Franz Joseph trug die Uniform eines Feldmarschalls, geschmückt mit dem Bande des Großkreuzes des Maria-Thersien-Ordens; Sisi erschien in einer braunen Samtrobe mit einem „Tablier aus hellem, braunen Velour und Corsage mit Perlenstickereien", dazu trug sie ein „geschlossenes Hütchen", mit Sonnenschirm und Fächer schützte sie sich wie gewohnt gegen allzu neugierige Blicke.

Obersthofmeister Fürst Hohenlohe, dem Vorsitzenden der *Denkmals-Commission*, obliegt es, den Kaiser um die Erlaubnis zur Enthüllung des Denkmals zu bitten, die auch gnädig gewährt wird. Das Schauspiel nimmt seinen Lauf: „Die Vorhänge, welche das Monument bisher verhüllt hatten, begannen sich nun langsam zu senken, während Alles in feierlicher und erwartungsvoller Stille verharrte. Sobald die Gestalt Maria Theresias sichtbar wurde, entblößte der Kaiser sein Haupt, um gleichsam seine große Vorfahrin im Bilde zu begrüßen. Die Erzherzoge folgten seinem Beispiel, ebenso die Generale und Officiere und alle Herren auf den Tribünen, und die ganze Festversammlung erhob sich von den Sitzen." In der ganzen Stadt begannen in diesem Moment die Kirchenglocken zu läuten, die Kanonen, die man im Park des Belvedere aufgestellt hatte, feuerten eine Salve ab, und die Vorhänge sanken weiter – nach drei Minuten war der ganze „grandiose Thronbau" sichtbar, es war ein magischer Moment: „Die Bronzestatue leuchtete in der Sonne wie Gold", „feierliche Stille" breitete sich aus, „Alles war im Anschauen des großartigen Kunstwerkes versunken".

Die Kirche durfte bei dieser pompösen Gedächtnisfeier des Hauses Habsburg nicht fehlen. Kardinal Fürst-Erzbischof Ganglbauer zelebrierte unter der Assistenz von 20 Bischöfen und hohen geistlichen Würdenträgern das *Tedeum*; danach sang der Chor des Wiener Männergesangsvereins eine Hymne an die „Edelste der Habsburg-Sprossen", verfasst von Hofrat Joseph Ritter von Weilen. „Ewig soll das Denkmal ragen", hieß es hier in der letzten Strophe, „Ihr zum Ruhm, und künft'gen Tagen/Sei es stets ein Mahnungsruf: An die herrlichste der Frauen,/Die voll Muth und Gottvertrauen/Uns ein Reich, ein starkes, schuf."

Es folgten ein Rundgang des Kaiserpaars um das Denkmal und Lob für die Künstler. „Wundervoll", soll Franz Joseph zu Caspar Zumbusch gesagt haben, „Er hat alle meine Erwartungen übertroffen – wirklich wundervoll ausgeführt. Besonders freut es Mich, daß alle Proportionen so sind, daß sie in vollem Einklange mit den Hofmuseen stehen." Der Kaiser zeigte sich wie immer bei derartigen Auftritten bestens vorbereitet, für alle, die am Bau des Monuments mitgewirkt haben, gab es diesen einen Satz des Lobes, dann, es war etwa 14.45 Uhr, stiegen Franz Joseph und Sisi wieder in die

Kriegsschrott: die Funde aus den verschütteten unterirdischen Hohlräumen.

Hof-Equipage, um in die Hofburg zurückzukehren. Für 17 Uhr war hier ein großes *Familien-Diner* angesetzt, der gesellig-kulinarische Abschluss der Familienfeier.

Wie jedes im Freien stehende Denkmal ist auch dieses aufgrund der unterschiedlichsten Temperaturschwankungen zwischen den vier Jahreszeiten und den in unseren Breiten ständig wechselnden Witterungsverhältnissen stark in Mitleidenschaft gezogen worden. Die Oberfläche der Maria-Theresien-Statue und die vier mächtigen Reiterstandbilder ihrer Feldherren, welche um sie gruppiert sind, waren bereits sehr in Mitleidenschaft gezogen. Besonders die Bronzeskulptur Maria Theresias litt unter dem ständigen „Bombardement" durch Taubenkot. Das ging so weit, dass das Gesicht

der Monarchin mittlerweile mehrere Farben aufwies. Nun machte man sich daran, die Statuen zu reinigen, und war bestrebt, den Farbcharakter der Bronzeskulptur zu erhalten. Während dieser Reinigungsarbeiten stellte man fest, dass sich die Steinplatten des Sockels hoben und senkten! Irgendetwas stimmte hier nicht mehr überein! Die großen Platten verließen nach vielen Jahren ihren ursprünglich zugedachten Lageplatz. Man musste der Ursache dafür auf den Grund gehen. Nach dem Anheben dieser Platten stellte man fest, dass der gesamte Unterbau des Denkmales aus Ziegeln errichtet worden war. Bei genauerer Betrachtung kam man zur Erkenntnis, dass diese Sockelkonstruktion von einer wirklichen Meisterhand erdacht und hergestellt worden war. Es musste schon bei der Errichtung dafür gesorgt werden, dass nach Fertigstellung des Denkmals bei einem starken Regen das gesamte Wasser auch abfließen konnte – ein ausgeklügeltes System aus Rinnen und Fugen sorgt dafür, dass das Wasser in den Untergrund abgeleitet wird. Die Ziegel des Unterbaues wurden deshalb so vermauert, dass sie Rinnen bildeten, die dem Wasser den Weg vorgaben.
Niemand wusste wie gesagt, wie der Untergrund des gesamten Denkmals aufgebaut und konstruiert worden war. An einem Seitenteil des Unterbaues, der geöffnet wurde, stellte man fest, dass hier unten, lange nach der Errichtung, schon jemand gewesen war. Hier unten war an einer Stelle ein Teil einer „Zellwand“ zugemauert worden. Man öffnete diese Stelle. Nun stellte man fest, dass sich hier unten aus Ziegeln gebildete Kammern befinden. Diese Kammern waren jedoch alle mit Schutt angefüllt. Schutt, der aus der Zeit unmittelbar nach dem Krieg stammte. Man entschließt sich, die erste Kammer auszuräumen. Und nun beginnt eine spannende Entdeckungsreise, mit der niemand gerechnet hatte. Die einzelnen Kammern haben ursprünglich keine Verbindungsöffnungen zueinander. Diese werden nun geschaffen und der Schutt heraufbefördert. Aus dem Schutt des Krieges treten nun so manche markanten Teile zu Tage: Ein stark beschädigter Stahlhelm. Das Leitwerk einer Werfergranate. Reste von Maschinengewehren und zu guter Letzt eine größere Menge von Hufeisen!
Im Chaos der Aufräumungsarbeiten nach den Kämpfen um Wien war jede nur erdenkliche Möglichkeit, den Schutt der Häuser schnell zu beseitigen, sehr willkommen gewesen. Dass hier auch das eine oder andere Teil des Kriegsschrottes in die Kammern unter dem Maria-Theresien-Denkmal gefallen ist, ist für uns die „Erkenntnis“, welche erst Jahrzehnte nach diesen Ereignissen zu Tage tritt.

DAS GEHEIMNIS DER SEILERSTÄTTE

Ein Abstieg zu neuen Erkenntnissen? – Die Wendeltreppe endet in einem Schutthaufen, das Rätsel bleibt noch ungelöst!"

Wer sich im unterirdischen Wien bewegt und ernsthafte Forschungsarbeit betreibt, der kommt zwangsläufig mit anderen, oft sehr interessierten Personen ins Gespräch. Wenn diese Personen, die unsere Bücher lesen, etwas entdeckt haben, dann nehmen sie mit uns Kontakt auf. Wir möchten sie dazu ermutigen, das auch weiterhin zu tun. In manchen Geschichten und Erzählungen stecken oft viel Fantasie und nur ganz wenig Wahrheit. Aber manchmal sind es die kleinen und im ersten Augenblick unscheinbaren Hinweise, die das Tor zu einer großen und spannenden Geschichte öffnen. Als ernsthaft interessierte Forscher gehen wir jedem Hinweis nach. Wir nehmen die Erzählungen, die an uns herangetragen werden, sehr ernst. Manchmal ist es so, dass wir erst in weit späterer Zeit durch einen weiteren Hinweis auf die Umstände, wie es zu einer Geschichte gekommen ist, einen Beweis oder einen Zusammenhang finden. Wir sind Sammler von Fakten und Hinweisen und bringen diese zueinander, um eine Verbindung zu finden.
Einer der legendenumwobenen Orte, zu dem wir seit vielen Jahren und immer wieder von neuem Hinweise erhalten, befindet sich im ersten Bezirk. Seit vielen Jahren hält sich das unbewiesene Gerücht, dass es hier während des Zweiten Weltkrieges eine Garage gegeben hat. Die Garage befand sich zwei Stockwerke unter dem Straßenniveau. Es gibt die Geschichte, dass in dieser unterirdischen Garage nach dem ersten Luftangriff auf Wien im Jahre 1944 sehr viele schöne und damals schon alte Autos abgestellt wurden. Die Garage war zum Sammelpunkt verschiedenster wertvoller Automobile geworden. Ein geschützter und wie man damals hoffte auch sicherer Ort, um die Fahrzeuge vor jeglicher Gewalteinwirkung zu bewahren. Die Fahrzeuge standen in dem unterirdischen Gewölbe sehr dicht aneinander, bis zum letzten Platz soll der Gewölbekeller ausgefüllt worden sein. Wer jetzt glaubt, dass solche Orte nicht existieren, und wer sich denkt, dass so etwas nur in den Märchenbüchern von Abenteurern zu lesen ist, der irrt. Bei unseren Dokumentationsarbeiten gelangen wir nicht selten an die unglaublichsten und spannendsten Orte, von deren Existenz nur ganz wenige Personen eine Ahnung haben. In der Stille verborgen hat Österreich vieles an unglaublichen Plätzen aufzuweisen. Es sind dies die Orte, die uns zum Staunen bringen und auf deren Suche wir uns immer wieder aufs Neue begeben.
Nun ja, jetzt soll es diese Garage tatsächlich geben. Während der über 50 Luftangriffe, die im Zweiten Weltkrieg auf Wien geflogen wurden, kam es zu einem Bombenabwurf, der für diese unter der Erde verborgenen Fahrzeuge eine verheerende Auswirkung hatte. Eine Fliegerbombe schlug an einer Seitenwand das Gewölbe ein und detonierte. Das Benzin, das sich in den Fahrzeugen befand, entzündete sich und zahlreiche Autos begannen zu brennen. Der Schaden war so groß, dass man sich um diese Fahrzeuge nicht mehr bemühte und begann, den Bombenschutt in diese Ebene der Garage zu verfrachten. Man suchte wie vielerorts üblich nach freien und ungenutzten Stellen im Wiener Untergrund, um den Schutt der zerstörten

Häuser loszuwerden. Der Keller mit den Fahrzeugen soll mit solch einem Schutt verfüllt worden sein.
Da uns diese Geschichte von drei verschiedenen Personen aus jeweils völlig unterschiedlichen Personengruppen erzählt wurde, ging sie uns, um ganz ehrlich zu sein, seit Jahren nicht mehr aus dem Kopf. Im Frühling 2015 treffe ich mich mit einem Freund, den ich leider nur sehr selten zu Gesicht bekomme, und wir kommen beim Plaudern auf die Geschichte von dem verschütteten Gewölbe zu sprechen, in dem die alten Autos stehen sollen. Ich weiß mittlerweile, wo dieser Keller ist! Zu meiner Freude erzählt mein Freund, dass er den Hausbesitzer sehr gut kenne, und wenn ich möchte, so wird er versuchen, für die Nachforschungen einen Zugang zu erbitten. Gesagt, getan. Und wirklich: Es wird uns die Türe geöffnet! Wir können es noch gar nicht glauben. Wir steigen hinab in den ersten Keller, der bereits mit einer neuen, modernen Türe versehen ist. Hier unten ist alles unauffällig und fast leergeräumt. Der Bereich dieses Kellergewölbes weist bei erster, sehr flüchtiger Betrachtung keine Schäden auf. Wir gelangen zu einer Stelle, an der sich ein ganz bewusst geschaffenes kreisrundes Loch im Boden befindet. In diesem Loch entdecken wir die Reste einer verrotteten Wendeltreppe. Eine eiserne Wendeltreppe, die in einen Schutthaufen führt! Ein Schutthaufen! Sollte hier der Weg hinunter in das zweite, tiefer gelegene Kellergewölbe liegen? Beim Betreten der Treppe merken wir, dass diese wirklich verrostet ist. Doch man kommt ohnehin nicht weit. Der Raum unter uns ist fast zur Gänze mit Schutt verfüllt worden. Bei einem schmalen Spalt, der noch frei ist, gelingt es uns,

Werden wir hier fündig?

Ein Keller voller Fahrzeuge am Rande der Stadt. Nicht selten rücken so unglaubliche Orte in unser Blickfeld.

Immer wieder entdecken wir in Österreich geheimnisvolle Orte: ein Wohnraum voller historischer Motorräder.

die Kamera und eine Lichtquelle hineinzustecken. Mehrere Fotos bringen einen neuen Hinweis. Hier befindet sich tatsächlich ein weiteres Kellergewölbe, das mit Schutt angefüllt worden ist. Wie weit der Keller sich fortsetzt und wo dieser wirklich endet, ist uns bis zur Stunde nicht bekannt. Da die Zeit drängt und uns nur eine halbe Stunde zur Verfügung steht, müssen wir hier wieder hinaus. Es ist hier ohnehin an eine Befahrung ohne Schutzoverall nicht zu denken. Mit der Gewissheit, dass an der Geschichte mit den verschütteten Automobilen wirklich etwas dran sein könnte, erreichen wir wieder die Oberfläche. Wir vereinbaren, zu einem späteren Zeitpunkt wieder zu kommen, um den Erzählungen vor Ort auf den Grund zu gehen. Eine spannende Geschichte, deren Ausgang noch völlig offen ist!

BUNKERRÄTSEL

DER WIENER „FÜHRERBUNKER" UNTER DER DUMBASTRASSE

April 1941. Der „Führer" hat den „eisernen deutschen Frühling" ausgerufen, die Zeitungen überschlagen sich mit Siegesmeldungen. Die Luftwaffe bombardiert Nacht für Nacht englische Städte, deutsche U-Boote versenken im Atlantik Schiff um Schiff, Rommel ist in der Cyrenaika auf dem Vormarsch, am 6. April überschreitet die Wehrmacht die Grenzen Jugoslawiens und Griechenlands. „Wenn die gewaltigste Kriegsmaschine der Erde, die deutsche Wehrmacht, einmal rollt, dann hält sie keine Macht mehr auf", jubelt Berichterstatter Sepp Dobiasch im *Kleinen Blatt* und prophezeit: „Der deutsche Sieg ist auf dem Marsch, im Atlantik sowohl wie im Mittelmeer und im Südosten." Noch ahnt man in den Redaktionen nicht, dass der „Führer" bereits den Überfall auf die Sowjetunion planen lässt …

Am 1. März 1941 kommt Adolf Hitler wieder einmal nach Wien, Anlass ist der Beitritt Bulgariens zum Dreimächtepakt zwischen Deutschland, Italien und Japan. Seit dem „Anschluss" sind drei Jahre vergangen, der Jubel um den „Führer", der am Westbahnhof ankommt und durch die Mariahilfer Straße zum Hotel Imperial fährt, ist ungebrochen – so trommeln es zumindest die NS-Medien. Trotz des Krieges soll nach wie vor gelten: Jeder will den Führer sehen. Das *Kleine Blatt* berichtet über das Spektakel: „Immer dichter wurde das Spalier der Wartenden, immer schwieriger die Arbeit der Absperrmannschaften, immer fiebernder die Ungeduld, insbesondere der zahlreich vertretenen Jungen und Mädel, die aus Anlass dieses großen Tages früher aus dem Schulunterricht entlassen worden waren. Als dann der Führer in langsamer Fahrt an den dichten Reihen der Wiener Bevölkerung vorbeifuhr, kannte der Jubel der Menschen keine Grenzen, die stolz waren, wieder einmal Adolf Hitler in den Mauern ihrer Stadt zu wissen."

Der „Anschluss": Hitler grüßt vom Balkon des Hotels Imperial die jubelnde Menge. Links von ihm Reichsinnenminister Wilhelm Frick, rechts Reichsführer-SS Heinrich Himmler. Foto von Heinrich Hoffmann, 14. März 1938.

Vorhergehende Doppelseite: Der Bau des „Führerbunkers" in der Dumbastraße, Frühjahr 1941. Foto: Sammlung Gerlach, Stadt- und Landesarchiv Wien.

Zum Gugelhupf mit Hitler

Hitler wohnt wieder im Hotel Imperial, für ihn, der einst im Obdachlosenasyl in der Meldemannstraße hausen musste, ein ungeheurer Triumph: Das 1873 knapp vor Beginn der Weltausstellung eröffnete Luxushotel, das Quartier von Fürsten und Königen, ist nun seine Wiener Herberge.

Den ganzen Tag über wird der Platz vor dem Gebäude von Menschen belagert. Er macht ihnen die Freude und zeigt sich mehrmals am Balkon: „Dann reckten sich jedesmal Tausende von Händen zu ihm empor und minutenlang erklangen die Heilrufe." Die Wiener Bevölkerung, so resümiert das *Kleine Blatt*, ließe sich eben in ihrer „Liebe und Treue zu Adolf Hitler von niemandem übertreffen", nur zu gut kenne man auch das „Gebot der Stunde", es hieße „Kampf und Opfer".

An diesem 1. März 1941 hat sich wohl jene kleine Geschichte ereignet, die uns ein Zeitzeuge, Herr Dipl.-Ing. Hans Kretz, erzählt hat. Hans Kretz, geboren 1930, durfte dem „Führer" persönlich in die Augen schauen, und

Luxusquartier von Fürsten und Königen, von Staatsmännern und Stars: das 1873 eröffnete Hotel Imperial.

das kam so: „Ich wohnte damals im väterlichen Haus in der Theresianumgasse, wo auch meine Schwestern Maria und Martha wohnten. Mein Bruder war Luftwaffenhelfer, meine ältere Schwester Säuglingsschwester, beide im Reich, weit weg. Mein Vater war Militärarzt, meine Stiefmutter Oberschwester im Lazarett in der Hofburg. Sie war auch die treibende Kraft, die für meine Schwester Martha und mich die Begegnung mit Hitler organisierte. Hitler kam, meiner Erinnerung nach im Frühjahr 1941, nach Wien, wo er wie üblich im Hotel Imperial logieren sollte. Unsere Stiefmutter schickte uns zu seinem Empfang ins Hotel, wo wir zwei Geschwister vorerst einmal elendslang, ich glaube es waren Stunden, in der Portierloge herumsaßen – bis endlich der Führer samt Gefolge, unter anderem mit Ribbentrop und Schirach, von der Straße hereinkam. Meine Schwester begrüßte Hitler mit einem Blumenstrauß und bekam dafür einen Kuss, mich fragte er: ‚Seid ihr Geschwister?' und tätschelte mich beim Ohr. Ich sagte artig ‚Ja!' und blickte von unten in sein Gesicht. Unvergesslich und ein Schlüsselerlebnis für mich waren seine Augen: Deutlich sah ich seine geäderten, müden, krank aussehenden Augäpfel, die wie abwesend in die Gegend blickten. Mein erster Gedanke war: Dies soll unser gepriesener großer Führer sein? – Der Mann ist ja krank … Anschließend bekamen wir im großen Saal Gugelhupf und Kakao, später holten uns dann die Eltern ab, die die ganze Zeit vis-à-vis im Café Schwarzenberg gewartet hatten.

Tage später schrieb ich dann einen Brief an Hitler nach Berlin, dessen Inhalt sicher unbedeutend war. Seine Beantwortung durch die Reichskanzlei

Der einzige sichtbare Hinweis auf einen Bunkerbau: Luftschutzblenden im Sockel des Imperial.

ohne Unterschrift des Führers kränkte mich da schon eher; wahrscheinlich hatte er Wichtigeres zu tun, als Fan-Briefe zu beantworten.
Meine nächste „Begegnung" mit Hitler war am 12. März 1945, an dem Tag, als die Wiener Oper und viele Gebäude rundherum bombardiert wurden. Meine Familie überlebte diesen Luftangriff im tiefen Keller des Hofburglazaretts, nach der Entwarnung versuchten wir so schnell wie möglich nach Hause in die Theresianumgasse zu kommen. Vorbei am brennenden Philipphof, in dessen Keller Hunderte umgekommen waren, Richtung Oper. Auch sie war zerstört, aber an einer Wand eines nun einsehbaren Raumes vis-à-vis vom Hotel Sacher hing unbeschädigt ein Bild vom GRÖFAZ. Wir eilten am brennenden Opernring-Café vorbei durch das Inferno nach Hause, wo die Bomben nun auch die restlichen Fenster zerstört hatten.
Der Krieg näherte sich seinem Ende. 14 Tage davor erhielt ich noch eine Vorladung zur Musterung in die Huglgasse, glücklicherweise ließ ich sie unbeachtet und der Krieg ging auch ohne meinen Einsatz zu Ende. Doch noch Tage davor saß ich mit Familie und anderen Leuten im tiefen Hofburgkeller und hörte als Einziger mit meinem selbstgebastelten Detektorempfänger, der trotz Stromausfalls tadellos funktionierte, die Durchhalte-Parolen des Staatsfunks: Man solle unbedingt den anrückenden Russen hinhaltenden Widerstand leisten … Inzwischen war Gauleiter Schirach, der einen Stock höher im Keller residierte, mit einem Rotkreuz-Auto der Hölle entronnen, zumindestens vorläufig."

Der Bau des Bunkers

Von den Bombern der alliierten „Luftgangster" ist 1941 am Himmel über Wien noch keine Spur zu entdecken, dennoch denkt man daran, die Sicherheitsvorkehrungen für Hitler zu verstärken: Für den „Führer" soll ein großzügig dimensionierter Bunker angelegt werden. Gauleiter Baldur von Schirach und die zuständigen Dienststellen in der Gauverwaltung Wien unterstützen bereitwillig das Projekt – für den „Führer" soll kein Opfer zu groß sein. Er soll wieder nach Wien kommen, für seine Sicherheit will man bestens vorsorgen, nicht zuletzt auch durch eine neue Bunkeranlage gleich neben dem Hotel Imperial, wo Hitler, so nimmt man an, wieder absteigen werde – noch ahnt man nicht, dass der „Führer" nie mehr nach Wien kommen wird.

Bereits Anfang April 1941 sind die Baupläne fertig und unverzüglich wird mit den Bauarbeiten begonnen. Dazu trägt man die Straßendecke der abgesperrten Dumbastraße vollständig ab und hebt neben dem Hotel eine große Baugrube aus, in welche die Bunkerräume hineingebaut werden. Anschließend wird der neue Bunker mit einer Betondecke verschlossen und darüber wieder die Straße errichtet. Vom Keller des Hotels wird ein Zugang in den Bunker geschaffen. Der Fotograf Gerlach dokumentiert die Bauarbeiten, seine Aufnahmen haben sich im Stadt- und Landesarchiv Wien erhalten.

Es ist erschreckend, wie viele falsche Angaben in den verschiedensten Unterweltforen über den Bunker des Hotels Imperial veröffentlicht werden. Wilde Spekulationen und unglaubliche Geschichten werden hier dem Leser aufgetischt. Machen wir einen gemeinsamen Zeitsprung in das Jahr 1941.

Der Spaziergänger, der am 4. April den Kärntner Ring entlanggeht, bemerkt von dem Bauvorhaben so gut wie gar nichts. Eine Wand aus Brettern sperrt die Dumbastraße auf ihrer gesamten Breite ab. An diesem Apriltag ist es

Bescheidene Einrichtung: Stockbetten im Bunker unter der Dumbastraße. Foto: Sammlung Gerlach.

Ein verfliester Gang führt vom Hotel zum Bunker.

bereits sehr warm. Die Sonne scheint und die Aushubarbeiten treiben den Männern den Schweiß auf die Stirn. Ab Mittag arbeiten viele Bauarbeiter bereits ohne Oberbekleidung. Eine der großen Betonmischmaschinen ist schon angeliefert und in Position gebracht worden. Doch diese Maschine wird für die benötigten großen Mengen an frischem Beton bei weitem nicht ausreichen, es muss unbedingt noch eine zweite Mischmaschine her.
Manche Wiener wundern sich über die merkwürdige Baustelle und versuchen einen Blick auf das Bauvorhaben zu erhaschen. Mehrere Herren haben die beste Stelle gefunden, von der aus sie freie Sicht auf die gewaltige Baugrube haben. Es ist schon beeindruckend, was einem hier geboten wird: Über steile Leitern gelangen die Arbeiter in die über sechseinhalb Meter tiefe Grube. Der Aushub erfolgt mit Muskelkraft. Krampen und Schaufeln sind im Dauereinsatz. Am Grund der enormen Baugrube, die die gesamte

Im April 1941 beginnen die Bauarbeiten am Bunker unter der Dumbastraße. Fotos aus der Sammlung Gerlach im Stadt- und Landesarchiv Wien dokumentieren exakt den Baufortschritt.

8532 5.V.

8529 5.V.

8559 20.V.

Breite der Dumbastraße in Anspruch nimmt, werden massive Hölzer aufgelegt und mit Feldbahnschienen verbunden. Mit Loren wird das Erdreich zu der Hebezone transportiert. Gleich mit zwei Gleisen wird für einen raschen Arbeitsfortschritt gesorgt. Man möchte so schnell wie möglich fertig werden. Es ist hier mitten in der Stadt Wien in der Tat ein rasantes Bauvorhaben.

Hitler mit Baldur von Schirach am Balkon des Hotels Imperial, 1. März 1941. Anlass des Besuchs des „Führers" in Wien ist der Beitritt Bulgariens zum Dreimächtepakt.

Schon am 25. April 1941 ist in der Baugrube, an der Seite des Hotels Imperial, die Sicherheitswand fertig betoniert. Sie muss verhindern, dass das Erdreich, auf dem das Hotel steht, durch den nun fehlenden Seitendruck nachgibt bzw. nachbricht. Den wohl zeitintensivsten Part bei der Errichtung des Bunkers nehmen die Eisenbieger in Anspruch. Tausende Kilogramm von Betoneisen werden gebogen und für die enorm starken Wände bereitgestellt. Es soll ein besonders sicherer Bunker werden, der dem „Führer" beim Besuch seiner „Perle Wien" effektiven Schutz bietet. Auch an der Bodenarmierung wird zu diesem Zeitpunkt fieberhaft gearbeitet.
Am 5. Mai 1941 ist die Bodenplatte des Bunkers fertig. Sämtliche Versorgungs- und Abflussrohre sind im mächtigen Fundament eingebracht worden und wieder haben die Eisenbieger auf der Baustelle viel zu tun: Die Wände werden vorbereitet. Noch bevor die innere Seite der Schalung verschlossen wird, binden die Bauarbeiter flink und sehr geschickt die Elemente der Matten aus dem Eisengeflecht aneinander. Stabilität und Festigkeit sind verpflichtend vorgeschrieben.
Nachdem die Schalungswände aufgerichtet und gegen die Seite gut gesichert sind, kann mit dem Befüllen der Wände mit flüssigem Beton begonnen werden. Über einen mittig angebrachten Laufsteg wird Tonne um Tonne herbeigefahren und in die Bunkerschalung gekippt.
Am 20. Mai 1941 sind alle Bunkerwände fertig errichtet und die Deckenarmierung ist fast fertiggestellt. Es kann mit dem letzten Teil des Bunkers begonnen werden: Nach dem Einfüllen des Betons in die Bunkerdecke ist hier nichts mehr zu sehen. Nach dem Verschließen der Straße und der Entfernung aller Absperrungen verschwindet der Bunkerbau im Untergrund der Stadt – von seiner Existenz wissen bald nur mehr die Menschen, die beim Bau mitgearbeitet oder dabei zugesehen haben.

Kein Zutritt zum „Führerbunker“

Siebzig Jahre nach dem Krieg kommt es auch uns zu Ohren, dass es hier am Ring einen Bunker gegeben hat oder möglicherweise noch immer gibt. Mehrere, zuerst einfache Recherchen mit Personen, die in irgendeiner Weise etwas über das Hotel Imperial und seine Geschichte berichten könnten, verlaufen ergebnislos. Im modernen Zeitalter des Internets, in dem viel Wissen, aber auch viele Falschinformationen verbreitet werden, wird man sehr skeptisch und vorsichtig. In einschlägigen Foren, deren Namen wir hier gar nicht nennen wollen, stimmt nicht einmal der Lageort des Bunkers. Ein Zugang zum Hotelkeller und seinem unterirdischen Nebenbau bleibt uns trotz wiederholten Nachfragens bei der Geschäftsleitung des Hotels verwehrt. Auch werden uns keine Gründe dafür genannt.

Herr Michael Moser, ehemals Archivar des „Imperial“, bestätigt uns aber, dass es diesen Bunker noch immer gibt und er aus mehreren kleinen und größeren Räumen besteht. Insgesamt sollen es zehn oder sogar mehr Räume sein, alle sollen bis heute mit elektrischem Licht versehen sein. Heute werden diese Bunkerräume vom Hotel genutzt, ein Zugang sei nur über den Keller des Hotels möglich – leider bleibt uns der Zutritt verwehrt. Während des Krieges hätte man ihn als Luftschutzraum genützt, so hätten hier die Musiker der Wiener Philharmoniker und die Angestellten des Musikvereins bei Luftangriffen eine Zuflucht gefunden. Da sich der Weinkeller des „Imperial“ gleich in der Nähe befand, sei es zu feuchtfröhlichen Zusammenkünften gekommen.

Der heute noch vorhandene Verbindungsgang soll mit beigefarbenen Wandfliesen verkleidet worden sein. Hitler kam zwar nicht mehr nach Wien, während des Krieges stiegen aber immer wieder Militärs und Politiker der Achsenmächte im Hotel Imperial ab. Einer dieser Gäste war der „Duce“ Benito Mussolini, der das Hotel am 13. September 1943 – nach seiner Befreiung durch Otto Skorzeny – durch den Lieferanteneingang betreten musste.

Während der Besatzungszeit befand sich das Hotel aufgrund der Bestimmungen des sogenannten Zonenabkommens in der „Interalliierten Zone“ und wurde von der sowjetischen Militärverwaltung bis zum 17. September 1955 als Hauptquartier benützt. Im Hotel Imperial fanden auch die ersten Sitzungen des Alliierten Rates statt. Nach dem Abzug der Sowjets wurde das Hotel bis 1958 renoviert und nahm dann seinen Betrieb wieder auf. Der Bunker war inzwischen in der Öffentlichkeit längst in Vergessenheit geraten, wurde aber stillschweigend wohl weiter benützt …

DAS PFORTENHAUS IN DÖBLING UND SEINE KELLERANLAGEN

Niemand vermutet hier bei den Schwestern vom Armen Kinde Jesu, dass unterhalb des Pfortenhauses einst ein Keller für den Luftschutz eingerichtet wurde. Befindet sich doch das nur wenige Meter unter der Erde und in unmittelbarer Nähe gelegene Reservelazarett unter dem heutigen Gymnasium Maria Regina in der Hofzeile 22. Wir hatten noch das Glück, eine der Schwestern zu sprechen, die uns über das Versammeln im Keller berichten konnte.

Wir werden von einer der Schwestern in den Keller begleitet. Einige steile Stiegen führen hinunter und die Keller, die wir hier betreten, zeichnen sich durch eine überdurchschnittliche Raumhöhe aus. An einer der Wände sind Stellen zu erkennen, die eine außertourliche Abmauerung aufweisen. Unsere Begleiterin meint, dass es hier noch weiter geht, sie glaubt, in ein anderes Haus, wie sie sagt.

Hier hinunter sind die Schwestern während der Bombenangriffe geflüchtet. Er wird als der Keller unter dem Pfortenhaus bezeichnet. Es ist hier viel Platz. Wirklich viel Platz. Eine gewaltige Mittelsäule stützt den hintersten Teil des hohen Gewölbekellers. Auf dieser Säule sind auch Steighaken angebracht worden. Ein Notausstieg führt vom Grund des Kellers in senkrechter Linie nach oben. Es befinden sich hier unten keine vorschriftsmäßigen Luftschutztüren. Die Schwestern machten hier aus der Not eine Tugend und erklärten den für sie am einfachsten und schnellsten zu erreichenden Keller als ihren Luftschutzkeller. Wenn man sich das Bild nach dem Treffer ansieht und über die Zerstörungskraft der Detonation nachdenkt, so wird einem der Ernst der damaligen Lage sehr deutlich vor Augen gehalten. Der Keller befindet sich genau unterhalb des zerstörten Gebäudeteils. Die Schwestern hatten großes Glück!!

Zeitzeugin Schwester Hildegundis, die nach einem Aufenthalt im holländischen Simpelveld seit 1940 wieder im Döblinger Kloster lebt, schildert in ihren *Losen Blättern der Erinnerung* die Ereignisse der letzten Kriegstage. „Manche Leute waren wie toll", vermerkt sie und berichtet von Plünderungen, etwa am Franz-Josefs-Bahnhof, auch der große Weinkeller in der Pyrkergasse wird gestürmt: „Die Fässer wurden eingeschlagen, unaufhörlich füllten die Leute Wasserkannen mit rotem oder weißem Wein. Die Fässer blieben offen, wurden umgestürzt, ein Weinsee entstand. Elektrisches Licht gab es nicht mehr und so wurde eine Frau in den Weinsee gestoßen und sie ertrank. Die Weinlachen auf der Straße zeigten weithin den Weg, den die tollen Menschen gegangen waren. So verging wieder ein banger Tag."

Trotz dieser Ausschreitungen bewahren die Schwestern einigermaßen kühlen Kopf, wie auch der Eintrag von Schwester Hildegundis zum 7. April zeigt: „In unserem zerbombten Kloster waren wir nun allein und ganz auf Gott gestellt. Da wir mit gutem Grund fürchteten, die Russen würden Rache nehmen, wenn sie merkten, dass wir eine NAPOLA im Haus hatten, klet-

Für Kletterfreudige: der senkrecht nach oben führende Notausstieg aus dem Keller des Pfortenhauses.

Nachfolgende Doppelseite: Der von einer Bombe getroffene Gebäudeteil des Pfortenhauses – der direkte Vergleich mit dem Haus in unversehrtem Zustand zeigt die Zerstörungskraft der Detonation.

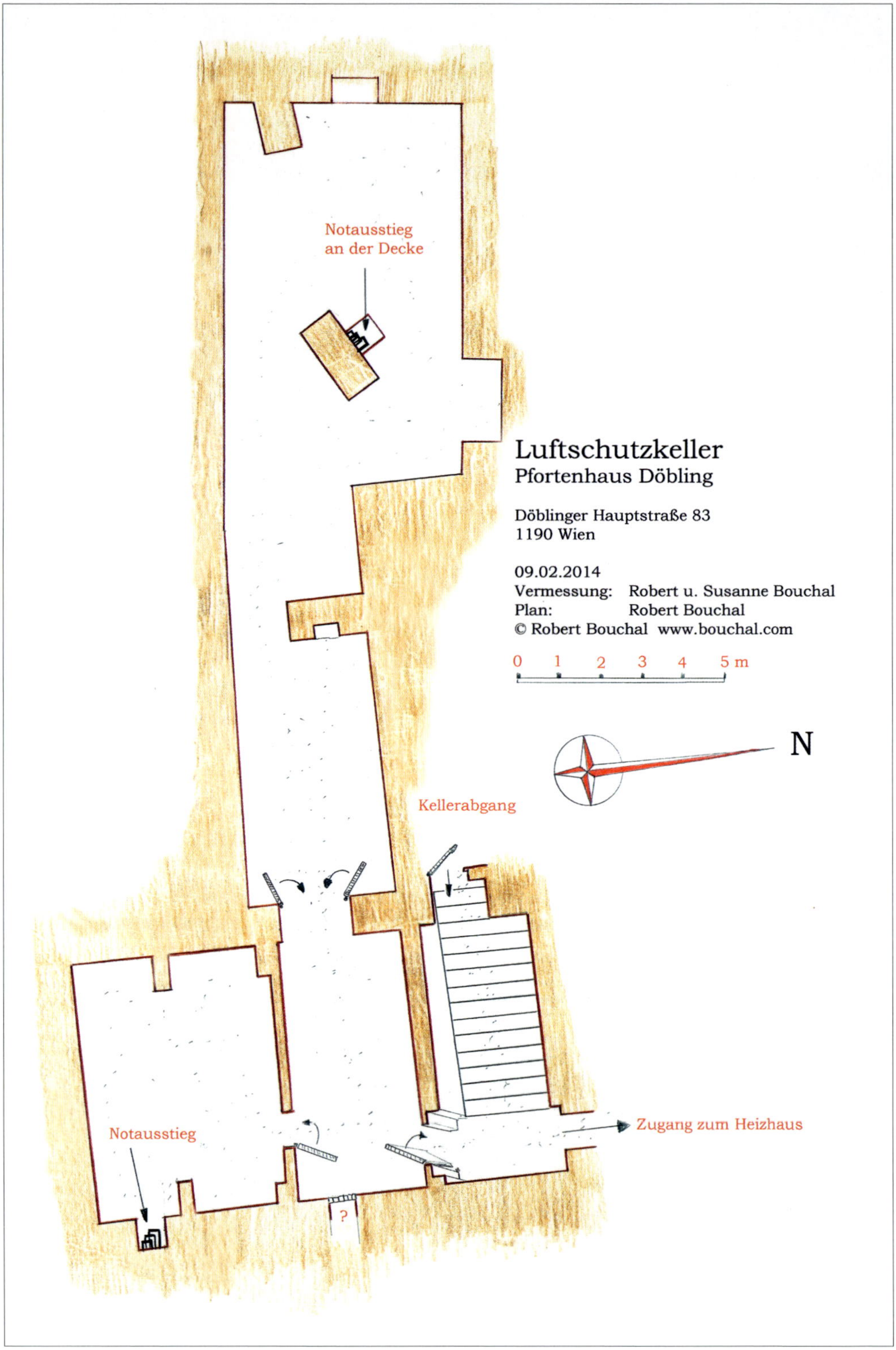

Notausstieg
an der Decke
Luftschutzkeller
Pfortenhaus Döbling
Döblinger Hauptstraße 83
1190 Wien
09.02.2014
Vermessung: Robert u. Susanne Bouchal
Plan: Robert Bouchal
© Robert Bouchal www.bouchal.com
0 1 2 3 4 5 m
N
Kellerabgang
Zugang zum Heizhaus
Notausstieg
?

Eine gewaltige Mittelsäule stützt den hintersten Teil des Gewölbekellers.

terten die Schwestern auf Leitern und holten den metallenen Reichsadler herunter, der im Festsaal die ganze Breitwand ‚krönte'. Schnell versteckten sie ihn unter den Stufen. Ich rannte in die Schule, ging in jede einzelne Klasse, betete kniend ein Ave Maria, wie ich es vor sieben Jahren, vor der Schließung der Schule, getan hatte und nahm das Hitlerbild von der Wand. Etwa zwanzig Bilder hatte ich beisammen und versteckte sie hinter einem Schrank in dem kleinen Zimmer gegenüber dem Zeichensaal. Kaum war ich wieder in der Klausur herunten, gab es eine fürchterliche Detonation. Ein Schrapnell war in das Zimmerchen eingeschlagen und hatte es zerstört."
Tags darauf, es ist Sonntag, der 8. April, feiern die Schwestern „unter Geschützdonner" die heilige Messe, dann widmen sich aber auch sie dem Kampfgeschehen. Gleich in der Nähe des Einangstores in der Hofzeile wird ein 17-jähriger deutscher Soldat, dem sie zuvor noch ein Butterbrot gebracht hatten, von einem Schrapnell getötet; mit dem Fernglas beobachten sie den Vormarsch russischer Truppen auf der Höhenstraße, erst in der Billrothstraße stoßen die Sowjets auf Widerstand, 26 Grabhügel decken, so Schwester Hildegundis, später die Opfer dieses Kampfes.
Zu Mittag sind die ersten Rotarmisten im Kloster. Schwester Hildgundis in ihrem Gedächtnisprotokoll: „Wir verhielten uns still. Eine verwundete Hand wurde gleich von der Krankenwärterin verbunden. Uhren und goldene Ringe hatten wir schon vorher versteckt. Sie wären sonst an diesem Tag alle dahin gewesen. Die ‚Befreier' hatten drei Tage Plünderungsrecht nach dem Kriegsgesetz. Frauen und Mädchen waren ihnen ausgeliefert, wenn sie

Ein langer Gang verbindet die unterirdischen Räume miteinander.

Hölzerne Reste des ehemaligen Reservelazaretts.

Die Steigklampfen zum Notausstieg.

ihrer habhaft werden konnten. Viele waren bei uns im Kloster versteckt, besonders von Grinzing und Nußdorf kamen sie, denn dort gab es Wein, der das Militär vollends berauschte." Die Rotarmisten wissen den Wiener Wein zu schätzen, es kommt zu einem spontanen „Gelage" im „Schutzengelhof" des Klosters: „Wir mussten den gesamten Krautvorrat hergeben, sie brachten den Wein, Hühner und Fleisch. Die ganze Nacht knallten die Maschinenpistolen, gab es Geschrei und wilde Musik. Am Morgen verrieten ein übles Durcheinander und zerbrochene Möbel den Festakt. Gott sei Dank, uns war nichts geschehen!"

April 1945: Die Trümmerlandschaft vor dem Wiederaufbau.

Schwester Maria Admirabilis, ehemals Direktorin der Schule und vor kurzem verstorben, gewährte uns Zutritt zu den untersten Kellern der Schule. Durch eine Tür im Medienraum der Schule gelangt man, begleitet von zwei Heizungsrohren, über einen steil nach unten führenden Abgang in den Keller. Wir passieren eine Luftschutztür der Firma Mauser aus Köln, die noch beide Riegel besitzt, und betreten den Bereich des Lazaretts. Siebzig Jahre nach dem Krieg ist in diesem großen Kellergewölbe das Grauen des Bombenkrieges noch immer gegenwärtig: *Liegeraum 1, Liegeraum 2, Liegeraum 3,* heißt es da in großen Lettern und auf fluoreszierenden Schildern „Ruhe bewahren" und „Rauchen verboten", „Für Ausspucken und Erbrechen die vorgeschriebenen Gefässe (sic!) benutzen". Und da stehen tatsächlich auch noch die hölzernen Stockbetten mit ihren Liegepritschen, auf den unteren Betten liegt Stroh. „Meine Seele lechzt nach Frieden", hat jemand mit weißer Kreide auf einem der Stockbetten vermerkt.
Mit gemischten Gefühlen beginnen wir im Licht unserer Stirnlampen mit dem Vermessen, ein genauer Plan soll die derzeit noch vorhandene Situation für die Nachwelt erhalten. Ein langer Gang, der sich durch das gesamte Gewölbe erstreckt, verbindet die Räume miteinander. Angeblich haben die Russen bei Kriegsende im Nachbargewölbe die Kellerwand eingeschlagen und sind auf diese Weise in die Räumlickeiten des Lazaretts gelangt.

BUNKERWELT IN DER KERPENGASSE

Der originale Schrank für die Elektroinstallationen ist noch erhalten.

Viele Schutzbauten aus dem Zweiten Weltkrieg sind aufgrund ihrer massiven Bauweise in den Jahren danach nicht abgebaut oder zerstört worden. Manche von ihnen sind verschüttet und andere wurden einer Nachnutzung unterworfen. Eines dieser Bauwerke ist ein Splitterschutzdeckungsgraben in der Kerpengasse in Floridsdorf. Das Bauwerk befindet sich unter der Erde und erstreckt sich heute über zwei Grundstücke. Hr. Ing. Faffelberger weiß zu berichten, dass seinerzeit, als er das Grundstück besichtigte, niemand die Parzelle kaufen wollte. Alles war hier verwildert und man hatte auf diesem Grundstück abgeladen, was einem zur Last geworden war. Das massive Betonbauwerk unter der Erde war ein Hindernis für jeden „Häuselbauer", der einen Kelleraushub in Erwägung gezogen hätte. Für den Baumeister, der das wundervolle Haus errichten sollte, hatte Hr. Ing. Faffelberger ein kleines Holzmodell des Kriegsbauwerkes geschaffen. Als die Bauarbeiten zum Haus begonnen wurden, legte man auf dem Grundstück des Herrn Faffelberger den gesamten Kriegsbau frei. Dies war eine sehr seltene Gelegenheit, einen Schutzbau völlig „entblößt" zu betrachten. Nun konnte man sehen, welche Formen der hier in den Boden eingefüllte Beton durch den hydrostatischen Druck angenommen hatte. An einer Stelle des Schutzbaues wurde ein Durchgangsöffnung geschaffen, um diesen Bau des Zweiten Weltkriegs nach Errichtung des neuen Hauses auch vom Keller aus betreten zu können. Bei den Umbauarbeiten hat man eine kleine metallene Hülse, in der sich eine Figur der Muttergottes befindet, gefunden. Hr. Ing. Faffelberger integrierte dieses Kriegsbauwerk und führte es einer Nachnutzung zu. Heute hat sich der Hausbesitzer hier unten eine gemütliche Kellerstube eingerichtet. Die verbleibenden Teile des Baues werden als Abstellraum genutzt. Der wesentlich größere Teil des noch vorhandenen Splitterschutzde-

Ein seltener Anblick: ein freigelegter Splitterschutzdeckungsgraben.

Der Brunnen für die Wasserversorgung.

Aus dem rauen Bunker wurde ein gemütliches Kellerstüberl.

Der lange Gang im Schutzbereich.

ckungsgrabens befindet sich auf dem Areal des Nachbargrundstückes. In diesem Teil ist auch eine Wasserversorgung mittels eines Brunnens vorhanden. Des Weiteren sind hier noch alte Elektrokästen in schwerer Ausführung zu sehen. Auf Grund der hohen Luftfeuchtigkeit können in diesem Teil jedoch keine Lagerungen durchgeführt werden. Da sämtliche Frischluftöffnungen im Hinblick auf den Rasen und seine Pflege verschlossen wurden, fehlt es hier heute an einer natürlichen Bewetterung. Das Bauwerk als Lager zu nutzen, scheiterte. Schon nach drei Wochen war der Sattel des Fahrrades mit Schimmel bedeckt. Der Versuch, Wein hier zu lagern, scheiterte auch, da nach einem Monat bereits die Etikette der Flasche unleserlich war.

Der Schutzraum wurde im Jahre 1995 auch noch von einigen Fledermäusen als Winterquartier genutzt. Dies ist nun nicht mehr möglich, da alle Einflugsöffnungen verschlossen sind. Für niemanden sichtbar, haben hier zwei Grundbesitzer ein Bauwerk aus dem Zweiten Weltkrieg für die Zeit des Friedens mehr oder weniger nutzbar gemacht. Es bleibt uns zu hoffen, dass wir solche Schutzbauten nie mehr aus Gründen der Gefahr aufsuchen müssen!

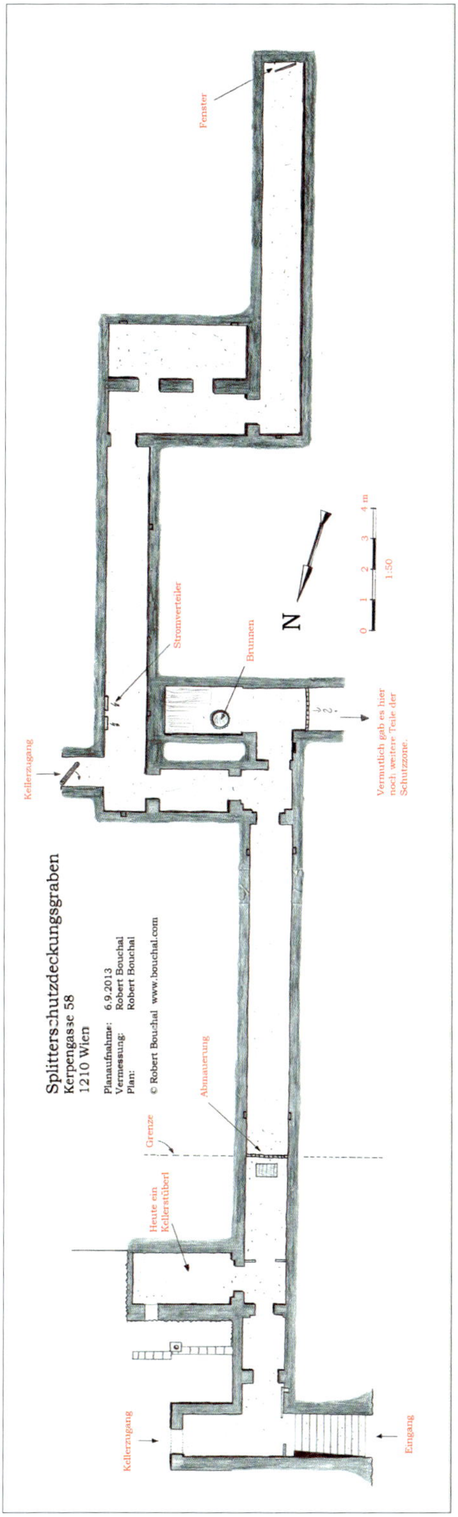

Während des Krieges wurden im Alarmfall die Arbeiter auf LKWs von den in der Nähe befindlichen Betrieben, darunter auch von Austro Fiat und der Floridsdorfer Lokomotivfabrik, zu diesem Schutzbau in die Kerpengasse gebracht.

SCHUTZBAU FÜR DEN SCHREBERGARTEN: DER BUNKER IN DER RUSTENSCHACHERALLEE

Ein verdächtiges Loch in der Wiese entpuppt sich als massiver Bunker.

Wie präsent der Zweite Weltkrieg 70 Jahre nach Kriegsende noch immer ist, zeigt uns die folgende Begebenheit. Im Spätsommer 2015 begutachten Mitarbeiter der Magistratsabteilung 42 im 2. Wiener Gemeindebezirk einen Wiesenabschnitt an der Rustenschacherallee. Hierbei entdecken sie eine kleine Vertiefung und stellen fest, dass sich der Boden an einer Stelle gesenkt hat und in der Wiese plötzlich eine kleine Öffnung zu sehen ist. Da in diesem Moment nicht klar ist, was sich hier unterhalb der Erde tut, wird mit einem Fahrzeug ein großer Stein herbeigeschafft. Dieser wird vorsorglich auf die Öffnung gelegt. Um jede Gefährdung auszuschließen, wird um den Stein noch eine zusätzlich Absperrung errichtet. Der Wiesenabschnitt wird jeden Tag von hunderten Hundehaltern mit ihren Lieblingen besucht. Zurück zum Loch in der Wiese: Dass man diesen Zustand nicht so belassen kann, war allen klar. Hilfe wurde gesucht. Man fand sie, beim Untertagespezialisten Martin Scheiber aus Tirol. Er betreibt die Firma S Consult und ist auf österreichischem Boden mit den Sicherungsarbeiten für viele Untertagbauwerke aus der Zeit des Nationalsozialismus beauftragt worden. Nach einer ersten Begutachtung und der Klärung der Kosten wird das Öffnen des Bauwerkes am 14. 12. 2015 in Angriff genommen. Zum Vorschein kommt ein kleiner, im Boden verborgener Splitterschutzdeckungsgraben. Nach dem Öffnen vermessen und fotografieren wir das Bauwerk und fertigen davon einen Plan an. Nahe dem Eingangsbereich werden ein Leitwerk und eine Werfer-Granate gefunden, die vom Entminungsdienst abtransportiert wird.

Der im Jahre 1936 geborene Zeitzeuge Walter Kaltenbäck erinnert sich: „Meine Großeltern hatten hier nahe der Rustenschacherallee schon damals einen kleinen Schrebergarten. Gewohnt haben wir bei der Nordbahn. Doch hier konnten wir nicht mehr bleiben, da die Bomben unser Haus zerstört hatten. Aus diesem Grund bin ich mit meinem Großvater in das Häuschen im Schrebergarten gezogen“, berichtet Herr Kaltenbäck. „Die Gegend um den Prater war unser Paradies! Es war für uns Abenteuerspielplatz und Sportstätte zugleich. Hier waren große Wiesen und man konnte immer sehr gut Fußball spielen. Kicken war für uns alles!“

Auch für den Entminungsdienst gibt es noch einiges zu tun.

Im Herbst 1944, als die Garagen der Reichspost in der Ungargasse durch Bomben schwer beschädigt werden, stellt die Post alle ihre Fahrzeuge hier an der Straße der heutigen Rustenschacherallee ab. Ein Fahrzeug nach dem anderen wird hierher gebracht. Ab diesem Zeitpunkt ist dieses Pratergelände der Park- und Abstellplatz der Reichspostfahrzeuge. Da die Fahrzeuge ohne nächtliche Revier-Absperrung direkt an der Straße stehen, wird eine eigene Bewachungsmannschaft aufgestellt, welche die Fahrzeuge rund um die Uhr bewacht. Die Wachmannschaft hat bei einem Luftalarm keine Möglichkeit, schnell Schutz und Deckung zu finden. Aus diesem Grund, so Herr Kaltenbäck, wird ein unter der Erde liegender Splitterschutzdeckungsgraben errichtet. Genau hier sollen die Männer bei Fliegeralarm Deckung finden. Im Inneren werden einige Sitzgelegenheiten bereitgestellt. Von diesen ist heute jedoch nichts mehr vorhanden. Da die Vorwarnzeiten zum Ende des Krieges immer kürzer werden, laufen zu Weihnachten 1945 Walter Kaltenbäck und sein Großvater zum Eingang des Schutzbaues, um hier mit vielen anderen Menschen in Deckung zu gehen. Der Betonbau ist in diesem Augenblick zum Bersten voll. Alle in Wien anwesenden Schrebergartler der nahen Siedlung sind nach dem ersten Aufheulen der Luftschutzsirenen losgerannt. Man ist sich mittlerweile im Klaren, dass ein Überleben nur in einem gut befestigten, aus Beton errichteten Bauwerk möglich ist. Die einfachen Häuschen der Schrebergartensiedlung bieten so gut wie keinen Schutz. Völlig außer Atem drängen sich die verschwitzten Menschen aneinander. Die Luft ist hier unten zum Schneiden! Es sind Augenblicke, die in der Welt der Erwachsenen mit Angst und Schrecken erfüllt sind. Niemals wieder werden sie diese Augenblicke vergessen. Über 70 Jahre nach Kriegsende zucken diese Menschen heute noch zusammen, wenn in den

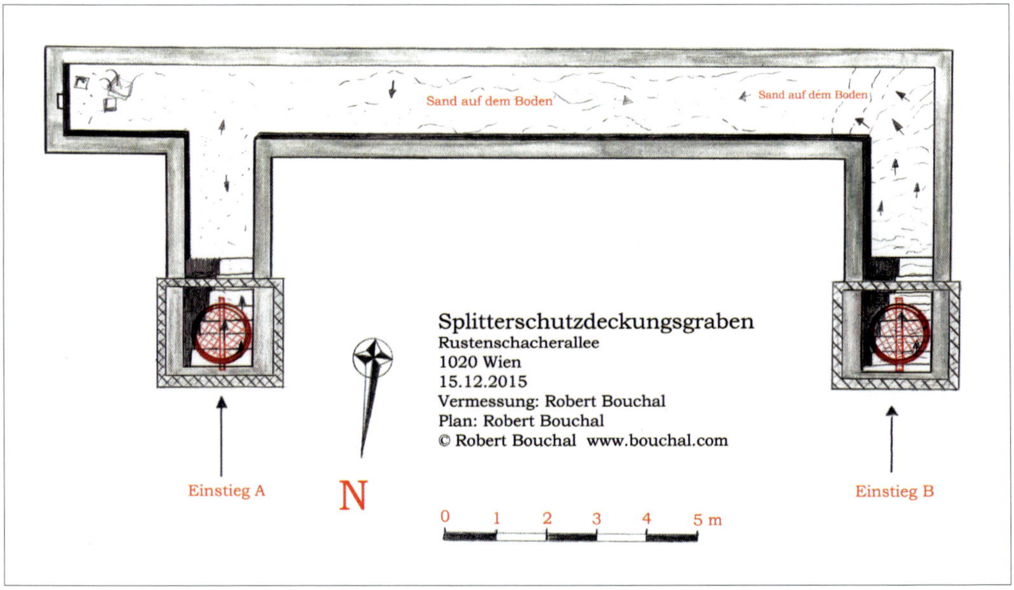

Ein Ort der absoluten Stille: Eine Befahrung des Bunkers in der Rustenschacherallee ist heute nicht mehr möglich.

Bundesländern am Samstagmittag die Luftschutzsirenen aufheulen. Zusammengekauert im Splitterschutzgraben sitzend, empfindet dies so manches Kind in seiner naiven Wahrnehmung als unglaublich spannend und manche sogar als tolles Abenteuer.

Nach dem Krieg ging es hier ganz anders zu, weiß der heute 81-jährige Walter Kaltenbäck zu berichten. In der Gegend war eine Zeitlang die „rosarote Zone". Die Damen des horizontalen Gewerbes gingen hier ganz nahe dem Splitterschutzdeckungsraben ihrem Gewerbe nach. Alsbald wurde dies jedoch unterbunden. Danach siedelten sich plötzlich die Obdachlosen und Sandler an. Es wurde sogar ein Ofenrohr aus dem Eingang verlegt, um hier drinnen zu heizen. Einmal soll einer der Obdachlosen hier unten gestorben sein. Er war so betrunken, dass er den Rausch nicht überlebt hat! Im Jahr 1951 wurde der Schutzbau zugeschüttet und die Eingänge wurden mit Erde überdeckt. Ab diesem Moment wächst das Gras über den Betonklotz und niemand fragt mehr nach.

Es sind nur mehr ganz wenige Personen, die sich noch an die Existenz der kleinen und kleinsten Schutzbauten in Wien erinnern können. Die Generation stirbt weg und mit ihr das Wissen um die Kriegsjahre.

Der Splitterschutzdeckungsgraben in der Rustenschacherallee ist ein sehr kleines Objekt. Die Gesamtganglänge beträgt 29,20 Meter. Das Betreten des Schutzbaus ist über zwei Einstiege möglich. Der Boden ist mit Sand bedeckt, der von außen eingetragen wurde. Es gibt hier drinnen nichts zu sehen außer einem leeren Gang. Beide Eingänge sind im Dezember 2015 mit neuen Einstiegsvorrichtungen versehen worden und sind ab diesem Zeitpunkt verschlossen. Eine Befahrung des Objektes ist nicht möglich. Ein letztes Mal tritt er mit seiner Geschichte in unser Bewusstsein, der vergessene Schutzbau unter der Wiese in der Rustenschacherallee.

KEIN EINGANG
PRIVAT

IN DER MEIEREI IM PRATER: DIE SCHÖNSTE BUNKERTÜR VON WIEN

Doppelriegeltür mit Stil: Der ehemalige Luftschutzraum wurde zu einem Kellerstüberl umfunktioniert.

Die Wiener Weltausstellung von 1873, inszeniert als monumentale Selbstdarstellung des liberalen Bürgertums, ist weitgehend vergessen, verschwunden sind die beeindruckenden Gebäude von damals wie der gewaltige Kuppelbau der Rotunde, die 1937 einem Brand zum Opfer fiel, oder das im Stil der Neo-Renaissance errichtete „Vivarium" am Beginn der Prater Hauptallee, in dem der Biologe Paul Kammerer seine berühmten Versuche mit Geburtshelferkröten anstellte. Gebäude, die von der Verwandlung Wiens in eine moderne Metropole kündeten, vom Aufbruch in eine neue Zeit. Nur wenige Spuren der gigantischen Schau sind geblieben, die Südliche Halle der Kunstausstellung etwa oder auch ein Lokal in der Prater Hauptallee, das als „Meierei im Prater" jedem ein Begriff ist. Wenig bekannt ist, dass es seine Existenz *partout* den Planungen zur Weltausstellung verdankt: Eine „Amerikanische Trinkhalle von Benford" sollte für das Wohl des durstigen Publikums sorgen.

Die Weltausstellung wird am 1. Mai 1873 im Beisein von Kaiser Franz Joseph feierlich eröffnet, auch die *American Bar* ist pünktlich fertiggeworden und wartet nun auf Gäste. Glaubt man den zeitgenössischen Berichten, so sind allerdings zumindest die Wiener Besucher der amerikanischen Trinkhalle nicht übermäßig begeistert. Sehr exotisch ist schon die Bedienung – da haben die Amerikaner doch tatsächlich „Mohren" nach Wien geschickt, um hier wie die *Wiener Weltausstellungs-Zeitung* naserümpfend feststellt, „verschiedene yankeemäßige Gebräue" auszuschenken. Nein, das ist nicht nach dem Geschmack der braven Wiener, die wollen lieber dralle böhmische Kellnerinnen sehen und ein ordentliches Bier trinken und so verwandelt sich die *American Bar* noch im September 1873 in eine Leitmeritzer Bierhalle.

Heute ist die Meierei im Prater, die von der Familie Holzdorfer geführt wird, der Inbegriff eines gutbürgerlichen Gasthauses. Seinen Keller haben wir uns näher angesehen und der kann durchaus mit einer Überraschung aufwarten: Hier befindet sich, so möchten wir behaupten, die schönste Bunkertür von Wien. Der ehemalige Luftschutzraum wurde zu einem Kellerstüberl umfunktioniert, die Tür ist aber perfekt erhalten!

Sabine Holzdorfer erzählt uns, dass ihr Urgroßvater Johann Holzdorfer im Krieg einst einen Holzstapel vor dem Eingang der Meierei errichten habe lassen, um vor den gefürchteten Bombensplittern geschützt zu sein. Das Dach des Lokals sei dennoch durch Splittereinwirkung schwer beschädigt worden, man habe es nach Kriegsende mühsam wieder zusammenflicken müssen.

Die Familie Holzdorfer kann auf eine lange Tradition im Pratergeschäft zurückblicken. Urgroßvater Johann Holzdorfer war der „Praterkönig" schlechthin; Großvater Friedrich Holzdorfer besaß immerhin noch die Grotten- und Geisterbahnen im Prater. Der Grund, auf dem die Meierei steht, so erzählt uns Frau Holzdorfer, gehöre der Stadt Wien, das Haus jedoch ihr. Wir lernen auch ihren Großvater kennen, stolze 94 Jahre ist Friedrich Holzdorfer, geboren 1922, an die Kriegszeit kann er sich jedoch nur mehr ganz wenig erinnern.

Die letzten Bauten der Wiener Weltausstellung

Die beiden Gebäude am südöstlichen Ende des Trabrennplatzes, gelegen im Schatten des Ernst-Happel-Stadions, tarnen sich gut: Von Sträuchern und Pflanzen wild umwuchert und durch einen Zaun von der Umgebung abgetrennt, verirrt sich kaum jemand hierher, sie sind, so ist man versucht zu sagen, zu einem geheimen Ort geworden. Die gesamte Liegenschaft wird von der Bundesimmobiliengesellschaft (BIG) verwaltet, wohl nur mehr wenige Menschen wissen um ihre stolze Herkunft: Es sind die letzten erhaltenen Bauten der Wiener Weltausstellung 1873, Zeugen des großen Aufbruchs der habsburgischen Residenzstadt zur modernen Metropole. Rund 200 Bauten wurden damals errichtet, nur mehr wenige zeugen heute noch von diesem Großereignis.

Beim Betreten des Areals wird es gleich augenfällig: Wir befinden uns im ehemaligen Kunstbezirk des Ausstellungsareals. Plastiken und Skulpturen gruppieren sich um die beiden Gebäude, den erwähnten Südlichen und den Nördlichen Pavillon der Kunst. Heute sind sie als Ateliers an Künstler vermietet. An einem der Steinblöcke wird gerade gemeißelt. Mächtige Platanen dominieren die stimmungsvolle Parkanlage und spenden mit ihren gewaltigen Kronen angenehmen Schatten. 1875 widmete Kaiser Franz Joseph diese Pavillons den Künsten – bis heute ist das so geblieben!

Bäume erzählen Geschichte

Wer heute die Praterhauptallee in Richtung Lusthaus hinunterschlendert, nimmt als dominierenden Eindruck die Erfahrung mit, dass man sich hier in einer wunderbaren grünen Oase mitten in der pulsierenden Großstadt bewegt. Ein ruhiger, friedlicher Ort, an dem man dem Laufsport huldigt oder einfach ausgedehnte Spaziergänge unternimmt, doch das war nicht immer so. Der grüne Prater war einst auch „Arbeitsplatz“ für all jene, die den Schutz der Bäume gebrauchen konnten, vor allem für Prostituierte, die sich hier mit ihren Freiern einfach in die Büsche schlugen. Die abfällige Bezeichnung „Praterhure“ wurde zu einem festen Begriff in der Wiener Dirnenszene. „Anständige“ Wiener mieden daher das Gelände nach dem Einbruch der Dunkelheit, neben den Dirnen trieben sich ja auch noch andere dunkle Gestalten wie *Taschlziaga* hier herum.

Während der Luftangriffe auf Wien in den Jahren 1944 und 1945 fielen zahlreiche Bomben auf den Prater – davon berichten heute noch die vielen Bombensplitter, auf die wir, im Holz der Bäume steckend, treffen können. Beim Aufarbeiten gefällter Praterbäume passierte es den Holzarbeitern im-

Im weichen Boden des Praters hinterließen die Fliegerbomben tiefe Krater, die bis heute gut erkennbar sind.

mer wieder: Die Kette der Motorsäge „fraß“ sich an einem harten Metallsplitter fest – die Kette war dann unweigerlich kaputt! Zum Glück sind diese Zwischenfälle nun schon seltener geworden. Die Bombentrichter kann man jedoch bis heute gut erkennen, vor allem im Vorfrühling, wenn die Bäume noch nicht ihre grüne Blätterpracht entwickelt haben. An manchen Stellen sind die Trichter so groß und tief, dass sich einige Personen im Zentrum des Kraters aufstellen können und sich ihre Köpfe dabei unter dem Niveau des Waldbodens befinden. Bis heute stecken im Boden des Praters Bombensplitter in enormer Größe, der todbringende Stahl hat zusammen mit unzähligen Patronenhülsen die Jahrzehnte überdauert. Einst ein begehrtes Sammel- und Tauschobjekt bei den Jugendlichen, finden diese Kriegsrelikte heute keine Beachtung mehr.

Neben vielen anderen Kleinteilen findet man immer noch die todbringenden, bis zu 35 cm großen Bombensplitter.

DER SALZGITTERBUNKER IM TANKLAGER SIMMERING

Den Kundigen erinnern sie an das Inferno des totalen Krieges: die Salzgitterbunker oder „Geilenberg-Bunker", so benannt nach Edmund Geilenberg, dem „Generalkommissar für die Sofortmaßnahmen beim Reichsminister für Rüstung und Kriegsproduktion" und Verantwortlichen des „Mineralölsicherungsplans", eines Geheimprojekts, das die Versorgung der Wehrmacht mit Treibstoff nach dem Verlust der rumänischen Erdölfelder absichern sollte. Diese tonnengewölbten länglichen Bunker wurden 1944 zum Schutz der im Visier der alliierten Bomber befindlichen Treibstoff- und Erdölanlagen errichtet und zeichneten sich durch ihre besondere Bauweise aus: Über einer Fundamentplatte wurden in knappen Abständen Stahllamellen angebracht und diese verschalte man mit Brettern, darüber goss man eine 2,5 m dicke Betondecke. Betreten wurde der Bunker über eine Gasschleuse. Der Name „Salzgitterbunker" geht wohl darauf zurück, dass die Stahllamellen in den Reichswerken Hermann Göring in Salzgitter gefertigt wurden. Da der Aufwand an Baustoffen im Verhältnis zur Zahl der Personen, die hier Zuflucht finden konnten, sehr hoch war, wurde der weitere Bau von Bunkern dieses Typs im Dezember 1944 untersagt.

Ein mächtiger, von Efeu umschlungener Betonklotz als Reminiszenz an den totalen Krieg: der Salzgitterbunker auf dem Gelände des ehemaligen Tanklagers Simmering.

Salzgitterbunker wurden in unmittelbarer Nähe von Öl und Treibstoff verarbeitenden Betrieben sehr gerne errichtet. Sie waren Schutzbauten für die hier arbeitenden Menschen. Die Wahrscheinlichkeit, dass ein Bombardement genau hier erfolgt, war kriegsstrategisch betrachtet sehr hoch. Es lag auf der Hand, dass man versuchte die Mitarbeiter vor Schaden zu bewahren, die enorm wichtige Kenntnisse und Fähigkeiten hatten, den für den Krieg so wichtigen Treibstoff bereitzustellen. Wir kennen mehrere Bunker dieser Bauart, die in Wien und in der Umgebung von Wien erhalten geblieben sind, so in der Lobau, in Vösendorf, bei der Autobahnabfahrt Korneuburg und einige andere mehr. Der Salzgiitterbunker auf dem Gelände des ehemaligen Tanklagers Simmering ist ein letzter Zeuge des verzweifelten Ringens der Nazis um die Treibstoffreserven.

Zum Zeitpunkt unserer Vermessungsarbeiten war der Bunker von wild wucherndem Efeu umschlungen. Ja, es hatte fast den Anschein, als wollte er sich hier noch einmal selbst tarnen. Nach dem Krieg als mächtiger Betonklotz erhalten geblieben, werden solche Bauwerke des Öfteren einer Nachnutzung zugeführt. Auch hier war das der Fall. Die doppelriegelige Bunkertür ist noch erhalten geblieben. Sie kann jedoch nicht mehr geschlossen werden, da bei geöffnetem Türflügel eine Rohrleitung über den Türstock verlegt wurde. Auch wurde hier zu einem späteren Zeitpunkt noch Strom eingeleitet. Interessant ist, dass sich hier im Inneren das Schalungsholz von der Errichtung des Bunkers erhalten hat. Feuchtigkeit und eindringende Nässe machen jedoch auch diesem massiven Bauwerk zu schaffen.

In unmittelbarer Nachbarschaft ist hier auf dem Gelände noch ein Einmannschutzbunker erhalten geblieben!

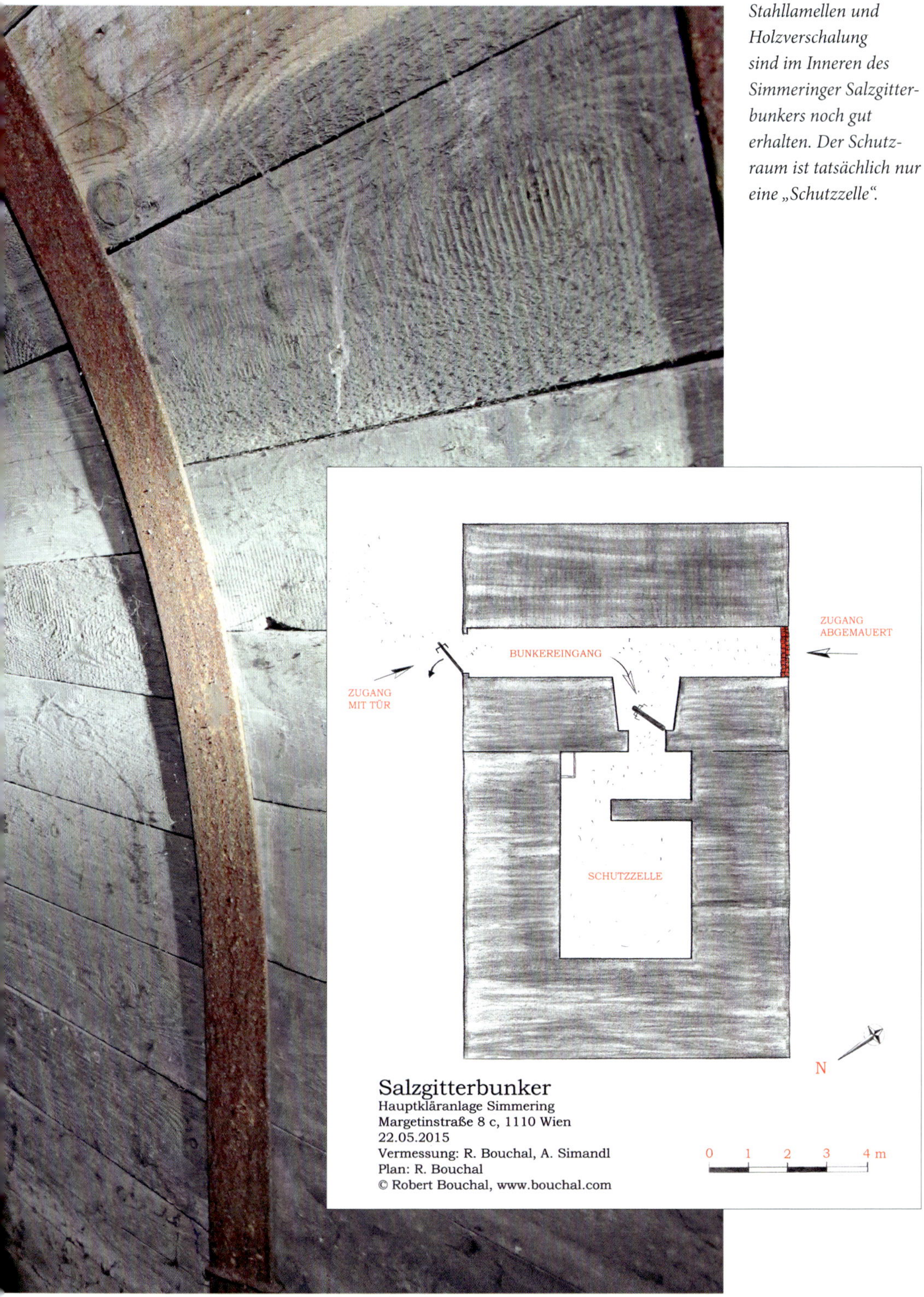

Stahllamellen und Holzverschalung sind im Inneren des Simmeringer Salzgitterbunkers noch gut erhalten. Der Schutzraum ist tatsächlich nur eine „Schutzzelle".

DER OPERATIONSBUNKER IM KRANKENHAUS HIETZING

Ein „lost place" auf dem Krankenhausareal – mit einer Sondergenehmigung können wir die unterirdischen Bereiche besichtigen.

Heute trägt es den Namen „Krankenhaus Hietzing". Früher hieß es Lainzer Krankenhaus. Noch früher Kaiser-Jubiläums-Spital. Im Namen verbarg sich das Programm: eine Krankenanstalt, errichtet zum 60-jährigen Regierungsjubiläum Kaiser Franz Josephs 1908. Es war das erste Spital der Stadt Wien, erbaut in „der Absicht, der Wiener Spitalsnot so weitgehend und so rasch als möglich abzuhelfen". Der Anspruch war hoch: ein Spital mit 1.000 Betten, das in seiner Ausstattung auf der „Höhe der modernen Wissenschaft und Technik" stehen und nicht zuletzt auch der Ausbildung der Ärzte dienen sollte. Das ehrgeizige Unternehmen gelang eindrucksvoll: Das Spital in unmittelbarer Nähe des Wienerwaldes wurde durch neue Fachabteilungen zum Vorbild, so etwa durch die 1930 eröffneten TBC- und Lungenpavillons oder die 1931 eingerichtete Sonderabteilung für Strahlentherapie – damals eine medizinische Sensation.
Eine Erfolgsgeschichte, die dann plötzlich eine Delle erhielt: Die hier in den Jahren 1983 bis 1989 von den „Lainzer Todesengeln" begangenen Morde brachten den Namen „Lainz" in Verruf und trugen wohl dazu bei, dass der Name der Anstalt auf „Krankenhaus Hietzing" geändert wurde.

Faszinierende Geheimnisse

Der als „Bunker 6" bezeichnete Operationsbunker wird heute als Lagerraum genutzt. Früher einmal hatten mehrere Spitäler in Wien einen Operationsbunker. Es war einfach notwendig, für den Ernstfall vorbereitet zu sein.
Wir begleiten einen Herrn der Hausaufsicht, der uns, ausgestattet mit einer Sondergenehmigung, durch die unterirdischen Gänge des Areals führt. Das Krankenhausgelände, das sich über 10 Hektar ausdehnt, beherbergt eine Vielzahl von Einzelbauwerken. Viele stehen unterirdisch miteinander in Verbindung. Dies hat verschiedenste Gründe. Zum einen sind es Versorgungsleitungen, die unterirdisch zu den Gebäuden führen und die für den Betrieb notwendige Energie zur Verfügung stellen. Strom, Heizung, Wasser und vieles mehr gelangen so in die einzelnen Gebäude. Mit welch vorausschauender Umsicht die Errichter dieser Spitalsanlage bereits in den Jahren 1908 bis 1913 ans Werk gegangen sind, zeigt der Umstand, dass diese unterirdischen Gänge bis in die heutige Zeit ausreichend groß dimensioniert wurden. Selbst wir können hier unten den von uns ausgewählten Zielort erreichen. Im Nachhinein ist sogar noch eine Rohrpostanlage hinzugefügt worden! Hier kann man in unglaublich langen Gängen einen gewaltigen unterirdischen Rundgang durchführen! Einige der Rohre sind bereits stillgelegt, jedoch noch immer vorhanden. Sie wurden an den Enden gekappt! Die Konsolen, die hier einst die Rohre an den Wänden trugen, sind in einer wundervollen, ja fast dekorativen Form gestaltet worden – wir haben Lust, sie als schmucke Blumentopf-Wandhalter wiederzuverwenden!

Der Operationsbunker des Krankenhauses Hietzing trägt heute ein rotes Ziegeldach.

In seinem Inneren erinnert nichts mehr an den Krieg.

Schöne alte Wandkonsolen tragen die Versorgungsleitungen.

Wir sind jetzt unterirdisch vom Direktionsgebäude zum Pavillon 6 gegangen. Nach einer Weile verliert hier jeder die Orientierung. Nur dem hier arbeitenden Insider ist es vorbehalten, sich schnell und zielgenau orientieren zu können. Doch auch oberirdisch wurde schon früher im weitläufigen Krankenhausareal viel gegangen und noch mehr transportiert. Als die Schrittzähler für Personen auf den Markt gekommen sind, hat man festgestellt, dass manche der Mitarbeiter täglich an die 22 Kilometer zurücklegen müssen.

Wir durchstreifen weiter den Untergrund des Krankenhausgeländes. Immer wieder treffen wir auf Notausstiege, die über einen Deckel an die Oberfläche führen. An den Wänden der Gänge sind unterschiedlichste Wandkonsolen zurückgelassen worden. Fest verschraubt mit der Wand fristen sie ihr nutzlos gewordenes Dasein. In einigen stecken sogar noch Teile von Rohren drinnen, welche sie einst in der richtigen Position gehalten haben. Die unterirdischen Gänge des Krankenhausareals sind eine aufregende Welt für sich.

Auf dem Areal des Spitals befindet sich bis heute noch immer der oberirdische Operationsbunker aus dem Zweiten Weltkrieg. Dieser Bunker soll während des Krieges mit technischen und sanitären Einrichtungen ausgestattet gewesen sein. Genau hier sollte, wie in anderen Operationsbunkern von Wien, während der Luftangriffe eine Möglichkeit geschaffen werden, ohne Störung von außen dringende Operationen durchzuführen. Der medizinische Schutzbau ist heute an der Oberseite mit einem dekorativen Ziegeldach versehen worden. Aus diesem Grund ist der Bunker erst beim zweiten Blick als solcher zu erkennen. Wir gelangen durch einen unterirdischen Zugang in diesen freistehenden Operationsbunker. An der letzten Tür vor dem eigentlichen Bunkerbauwerk lesen wir noch einen Hinweis: NOTBETTEN FÜR KATASTROPHENFÄLLE. Die hier angeführten Notbetten sind schon lange nicht mehr hier. Jetzt wird der Bunker als Archiv genutzt. Eigentlich könnte man ihn als äußerst sicheres Archiv bezeichnen. Im Inneren des Bunkers ist aus dem Jahre 1945 nichts mehr zu sehen. Hinter großen grauen Türen wird das Archivmaterial des Krankenhauses aufbewahrt. Es erinnert nichts mehr an die Zeit der großen Not.

Abschließend möchten wir noch auf die vielen Schienen an diesem Ort hinweisen, die einst für den innerbetrieblichen Transport von Krankenhausmaterialien, Wäsche und Verpflegung genutzt wurden. Es gab hier einmal eine Feldbahn, von der zum Teil neben den Schienen auch noch einzelne Garagen vorhanden sind. Sie war in Ringform angelegt, so dass jeder Pavillon des Krankenhauses bequem erreicht werden konnte. Die Spurweite der ursprünglich 1,9 km langen Bahn betrug 500 mm, errichtet wurde sie nach dem Ersten Weltkrieges, Ende der 1960er-Jahren stellte man den Betrieb ein. Die Lokomotiven wurden von Benzinmotoren angetrieben, 1958 wechselte man auf umweltfreundliche Akkulokomotiven.

VERBORGENE ORTE

DAS DACH, DAS DEN KAISER BESCHIRMTE

Wenn es sich um das Dach handelt, sind alle Gedanken klar. Im Dachboden sieht man mit Vergnügen das starre Gerippe des Balkenwerks bloßgelegt. Man hat Teil an der soliden Geometrie des Zimmermanns.

Gaston Bachelard, Poetik des Raumes

Im Gleichklang mit dem goldenen Doppeladler: die geöffneten Dachflächenfenster auf der Neuen Burg.

Vorhergehende Doppelseite: Auf dem Dachboden der Hofburg.

Es ist ein Abenteuer für sich. Wer hier seinen Dienst verrichtet, weiß erst nach Jahren über alle verborgenen Winkel seiner Arbeitsstätte Bescheid. Die Dachbodenlandschaft der Hofburg, die über die Jahrhunderte hinweg zu einem enormen Gebäudeverbund angewachsen ist, beeindruckt den Besucher, der nach einer Stunde im Dachstuhl feststellen muss, dass er noch lange nicht alles gesehen hat. Wir beschreiten einen schier nie enden wollenden Laufsteg und durchschreiten unglaublich viele Türen, die Dachbereich für Dachbereich voneinander trennen. Mächtiges Balkenwerk begleitet uns, wir haben, wie Gaston Bachelard schreibt, eindrucksvoll Anteil an der „Geometrie des Zimmermanns". Diese kunstvolle Geometrie der Dachstuhlbauer vermittelt uns zugleich ein Gefühl der Sicherheit und Heimeligkeit, Das Dach, das den Kaiser beschirmte, strahlt Sicherheit aus.
Die Feuerwehrmannschaft der Hofburg ist die einzige Personengruppe, die das Haus zur Gänze kennt. Geschlagene zwei Stunden benötigen die Feuerwehrleute, um die weiten Hallen des Dachbodens bei ihren Kontrollgängen abzuschreiten. Es ist eine eigene, abgeschiedene Welt, die zwar vorhanden ist, jedoch nur von wenigen Menschen betreten werden darf. Der gewaltige Dachstuhl, ein Monument der Zimmermannskunst, bringt so manchen Handwerker, der hier oben Arbeiten durchführen muss, zur Verzweiflung. In dem langen Zeitraum, in dem die Hofburg entstand und ständig an Größe zunahm, veränderten sich auch die bautechnischen Möglichkeiten. Neue Werkstoffe und neue Erfahrungen waren dafür verantwortlich, dass sich auch im Erscheinungsbild vieles änderte. Die Hofburg zählt mit ihren 19 Höfen und 18 Trakten zu den größten zusammenhängenden Gebäudekomplexen Europas und vereint in sich verschiedenste Baustile. Vermessungsstudenten der TU Wien müssen im Rahmen ihrer Ausbildung einen Teil des Dachstuhles vermessen und sich mit dessen Konstruktion auseinandersetzen. Die gute Konstruktion eines Dachstuhles ist entscheidend für den Werterhalt eines Gebäudes. Er ist die Versicherung gegen des Himmels unbändige Launen.
Der Dachstuhl der Hofburg ist, auch ganz nüchtern betrachtet, ein kleiner Kosmos für sich. Er ist ein so gut wie ungenützter Bereich. Ein Niemandsland. Ein Ort, der in sich ruht, fernab dem Treiben auf den Straßen. Er ist, für die Menschen zwar existent, jedoch ansonsten ohne Bedeutung. Seine Funktion erfährt er nur von außen. Er trägt das große, ja enorm große Dach der Hofburg. Punktum. Mehr nicht! Und doch ist es ein Mikrokosmos und ein magischer *lost place* im Herzen Wiens. Musils perverse Internatszöglinge, die in einem Dachbodenversteck ihren Mitschüler Törleß quälen, hätten

daran ihre wahre Freude. So wie der Keller beschwört auch der Dachboden die Vergangenheit. Das Holz des Dachstuhles stammt aus der Steiermark und wurde mit Pferdefuhrwerken und später auf von Traktoren gezogenen Wägen nach Wien gebracht. Bis heute befinden sich hier noch immer die senkrechten Seilhaspeln. Heute nicht mehr in Verwendung, dienten diese zum Aufziehen und Einbringen von Lasten oder sperrigem Gut. Über große, ausklappbare Türen direkt in der Dachschräge blickt man hinunter in den Hof der Hofburg. Immer wieder übersteigen wir ganze Bahnen von innenliegenden Dachrinnen. Eine so große Fläche wie das Hofburgdach hat sich bei starken Regenfällen oder Wolkenbrüchen den großen, vom Himmel herabfallenden Wassermassen zu stellen. Mit Deckeln aus Holzbrettern sind sie abgedeckt. Lange, innen mit Blechen ausgekleidete Bahnen, sogenannte innen liegende Dachrinnen, leiten das Regenwasser im Dachstuhl zu Sammelpunkten. Nicht selten verlaufen diese Rinnen quer über den Dachboden! Ein richtiges Kunstwerk an wasserableitenden Maßnahmen soll die plötzlich auftretenden Wassermassen vom Dach in die Kanäle unter der Straße ableiten.

Genau wie am Stephansdom lagert man auch hier eine große Menge an Dachziegeln. Es sind Reserve-Dachziegel, die hier vorsorglich bereitliegen. Sollte es bei einem Sturm zu Beschädigungen am Dach kommen, kann der herbeigerufene Dachdecker einen raschen Austausch gegen neue, unbeschädigte Dachziegel vornehmen.

Ein besonderes Merkmal im Dachstuhl über der Winterreitschule sind die alten Lusterwinden, die hier oben zu sehen sind. Die Stahlseile sind bereits gekappt. Von den alten, noch von Hand betriebenen Winden blieb nur mehr ein Teil des Kurbelwerkes zurück. Ersetzt durch neue und moderne Seilwinden, die von einem Elektromotor angetrieben werden, haben sie ihr Einsatzende erreicht. Aus den alten Ziegelwänden ragen massive Rohrleitungen heraus. Es sind stillgelegte Wandhydranten. Die Beschriftungen dazu sind noch vorhanden.

Im Inneren der Michaelerkuppel

Ein Foto der Goldenen Kuppel des Michaelertraktes ist für jeden Wienbesucher Pflicht. Was jedoch nur wenige wissen: In ihrem Inneren verbirgt der 54 m hohe, von Ferdinand Kirschner 1889 bis 1893 errichtete Kuppelbau einen der wundervollsten Teile des Hofburgdachstuhls. Durch eine niedrige Tür lotst uns unser Führer in das Innere – ein unerwarteter, gigantischer Hohlraum zwischen Innen- und Außenkuppel wird sichtbar. Wir staunen über das Ausmaß des Leerraums zwischen den beiden Kuppelschalen. Die Holzkonstruktion in der Michaelerkuppel ist sehr alt und das Holz unglaublich trocken, ein enormes Gefahrenpotential. Sollte es zu einem Brand kommen, so wäre das Betreten dieses Kuppeloberbaues aufgrund der enormen Hitzeentwicklung so gut wie unmöglich. Die Höhenrettertruppe der Feuerwehr trainiert hier in regelmäßigen Abständen.

Ein schmaler Steg in luftiger Höhe führt uns zum Eingang in die Michaelerkuppel.

Eine Sinfonie aus Holz und Eisen: das eindrucksvolle „Innenleben" der Michaelerkuppel.

Der innere Kuppelraum wird von der Unterkuppel dominiert. Über eine Treppe gelangt man auf die Unterkuppel und zu einer großen, von einem Gitter verschlossenen Öffnung, die den Blick freigibt auf die Welt darunter. Winzig klein sind die Menschen, die unter uns durchschreiten. Von hier oben ist ein wirklich „tiefer" Einblick in die Halle der Michaelerkuppel garantiert. Kutschen, Autos und viele Touristen wirken von hier oben wie kleine Figuren in einem Diorama.

Der Hohlraum der Michaelerkuppel ist ein zum „Grande Applause" gekürter Bereich, der keine Zuseher hat und für sich alleine bleiben darf. Ein Kunstwerk des Kuppelbaus, dessen Existenz uns hier ins Bewusstsein gebracht werden soll!

Weht ein starker Sturm über der Stadt, so schwingt das Dach der Michaelerkuppel mit. Nicht steif und starr, sondern beweglich und dynamisch gleicht es die enorme Kraft des Winddruckes aus und verhält sich wie ein beweglicher Baum. Die auf dem Dachstuhl auftretenden Temperaturunterschiede zwischen minus 15 Grad im Winter und plus 60 Grad in der Hitze des Sommers können dem Dachkomplex nur wenig anhaben. Auf gemauerten Fundamenten wurden durch Nieten zusammengehaltene Eisenträger angebracht, die mit schweren Holzbalken verbunden sind. Auf dieser Konstruktion wurde die aus Holz gefertigte Dachhaut angebracht, die in der Folge mit Blechen verkleidet wurde. Ein aufwendiges Verfahren, das durch eine Vielzahl von komplizierten Querverbindungen stabil und letztendlich doch dynamisch den Dachaufbau nun schon seit über 100 Jahren zusammenhält und seine Betrachter zum Staunen bringt.

Die Mondphasenuhr

Wird täglich aufgezogen: das Räderwerk der Mondphasenuhr, die den Besuchern des Inneren Burghofes den Stand des Mondes anzeigt.

Im Dachstuhl des Amalientraktes befindet sich eine kunstvoll gearbeitete Mondphasenuhr mit einem alten mechanischen Uhrwerk. Zu den Routineaufgaben der Feuerwehrmänner auf ihrem Rundgang zählt das tägliche Aufziehen des Uhrwerks mittels einer großen Kurbel. Dabei werden die schweren Gewichte bis zum Uhrwerk hinaufgehoben.

Dachschmuck aus Blech

Sie künden von der militärischen Macht des Kaisers – die kupfergrünen Rüstungen und Helme am äußersten Rand des Daches verfehlen beim Betrachter vor dem Hofburggebäude ihre Wirkung nicht. Sie sehen schwer aus, die Helme, die mit ihrem prächtigen Federschmuck den kaiserlichen Soldaten außerordentlichen Auftritt und Respekt beim Gegner verschaffen sollten. Hat man das Glück, an diesem Dachschmuck nahe dran zu sein, verrät ein leichtes Klopfen, dass diese aus der Ferne so mächtig und schwer wirkenden Schmuckelemente aus nicht allzu starkem Blech gefertigt wurden!

Das heimlich gelandete Raumschiff im Dach

Wie ein gewaltiges UFO, das hier oben versteckt vor neugierigen Blicken Schutz gefunden hat, liegt es da im Dach der Neuen Burg: gleich einem Raumschiff aus einem Science-fiction-Film. Ein Aufbau, der die Fantasie anregt und seinesgleichen in Wien sucht. Die Wahrheit ist nüchterner: Unterhalb dieser Stelle hat man einen Konferenzraum eingerichtet. Der futuristisch anmutende Aufbau soll so viel natürliches Licht wie möglich in diesen Dachbereich einfallen lassen. Die raffinierte Dachkonstruktion aus Glas über diesem kreisrunden Abteil steigert die Lichtausbeute wesentlich!

Als würde hier ein UFO geparkt worden sein: das „Raumschiff" im Dach der Neuen Burg.

IN DER UNTERWELT DES NATURHISTORISCHEN MUSEUMS

Futuristische Anmutung und doch schon Vergangenheit: eine Turbine der ehemaligen Lüftungsanlage.

Das Naturhistorische Museum in Wien ist eine Institution, mit der sich die Höhlenforscher sehr verbunden fühlen. Genau hier hat man es bereits sehr früh verstanden, Menschen für die Naturwissenschaften zu begeistern. Unter der Führung sachkundiger Mitarbeiter des Hauses war es immer eine Freude, den vielen Aktivitäten beiwohnen zu dürfen: den Vorträgen, Exkursionen und ständig wechselnden Ausstellungen zu spannenden Themenbereichen. Den jungen Höhlenforschern wurde sogar die Möglichkeit geboten, in einer fixen Vortragsreihe und in regelmäßigen Treffen über ihre Forschungsarbeiten zu berichten. Es etablierte sich hier eine enge Zusammenarbeit zwischen den Forschergruppen draußen und der Informationssammelzentrale am Naturhistorischen Museum Wien. Die Offenheit in allen Richtungen war hier immer vorhanden und gab zahlreiche Impulse zu neuen Unternehmungen.

Das am 10. August 1889 eröffnete Naturhistorische Museum, damals noch als *k. k. Naturhistorisches Hof-Museum* geführt, ist ein Hort der Naturwissenschaften. Ein Haus, in dem jeder Mensch ein Grundwissen in den unterschiedlichsten Wissensgebieten erlangen kann. Es ist aber auch ein Haus, in dem viele Menschen arbeiten, um diese enorme „Maschine" am Leben zu erhalten. Wir haben mit freundlicher Erlaubnis der Museumsleitung die Gelegenheit bekommen, uns in diesem altehrwürdigen Gebäude, in dem Geschichte immer eine Rolle gespielt hat, genauer umzusehen. Wie in allen Museen der Welt herrscht auch hier ein notorischer Platzmangel. Jeder Quadratzentimeter an Fläche, den man hier findet, möchte sofort genutzt werden. Wir steigen hinab in den Keller, um uns hier umzusehen. Ein unheimliches Tier steht im Gang! Glücklicherweise ist dieses unbeweglich und stellt für niemanden eine Gefahr dar!

Der größte Teil des unterirdischen Bereiches des Museums dient zur Lagerung und Erhaltung vieler Präparate. Die Sammlung des Naturhistorischen Museums ist berühmt und wird weltweit geschätzt, versammelt es doch die unglaubliche Zahl von rund 30 Millionen Objekten! Beeindruckt wandern wir vorbei an wahren Heerscharen von Tierpräparaten, an Vögeln und Affen, Antilopen und Raubkatzen, es ist eine unterirdische Arche Noah, die vom Sammelfleiß der Wissenschaftler zeugt, von ihrem Bemühen, die großartige Vielfalt der Natur zu dokumentieren und den Besuchern des Hauses zu vermitteln.

Auf der Suche nach den Spuren aus der jüngeren Vergangenheit werden wir hier sehr schnell fündig. An einer Wand entdecken wir ein aus Holz gefertigtes Türl mit zwei eisernen Sperrriegeln. Es sind die letzten Einbauten eines Luftschutzkellers. Wir können annehmen, dass ein so großes Haus wie das Naturhistorische Museum seinen Mitarbeitern einen Schutzraum zur Verfügung stellte. Mehrere dieser Teile finden wir in unterschiedlichster Ausführung. Selbst schwere Luftschutzblenden, aus massivem Eisen

Massive alte Technik im Keller des Naturhistorischen Museums.

Die geräumigen alten Lüftungsgänge werden heute von modernen Lüftungskanälen durchzogen. Die Eisentore waren als Drehklappen ausgeführt.

Im kaiserlichen Palast der Natur war das Rauchen von jeher untersagt!

gefertigt, sind hier unten noch zu sehen. In einem Kellerraum, der heute zur Aufbereitung von Warmwasser genutzt wird, finden sich an der Wand alte Warnhinweise. In einem niedrigen Nebengang stößt man auf eine alte Holzkiste – in ihr wurde mit ziemlicher Sicherheit „Deutsche Markenbutter" transportiert.
In einem Lagerbereich fällt uns ein mehr oder weniger verstecktes Lastenteil mit Rädern auf. Es handelt sich hier um eine Kohlenlore. Einer der sehr seltenen Wägen, mit dem der Heizer einer großen Anlage die Kohle zu den Öfen transportieren konnte ... und da sind wir schon beim nächsten Thema: der Heizung eines solch großen Hauses.

Die Reste der alten Heizungsanlage

Im Keller dieses wundervollen Palastes der Natur, der heute mit einer modernen Heizungsanlage versehen ist, wurde zur Zeit seiner Errichtung mit völlig anderen Methoden das Wohlbefinden in den kalten Jahreszeiten erhalten und gesteigert. Hier gab es wie seinerzeit in der Hofburg und im Burgtheater einst eine ausgeklügelte Lüftung und Wärmeanalage. Im Keller des Hauses waren Heizer angestellt, die für die Aufrechterhaltung der Glut im hauseigenen Ofen zu sorgen hatten. Die Luftkanäle waren große gemauerte Gänge, über die man unterirdisch die einzelnen Gebäudeteile mit Wärme oder Luft versorgte. Wir durchschreiten einen kleinen Bereich dieser noch vorhandenen Gänge. Inmitten eines solchen Ganges befindet sich ein Tor. Dieses Tor ist mittig am Boden und am oberen Ende des Gewölbes gelagert. Seinerzeit diente es zur Regulierung der Luft. Mit Hilfe dieses wie ein Ventil ausgeführten Eisentores konnte für die richtige Luftströmung gesorgt werden. Dort, wo warme Luft gebraucht wurde, öffnete man diese großen Drehklappen. Ein Schließen dieser Eisentore ist heute nicht mehr möglich. Heute werden diese Kanäle für viel später eingebaute Luftkanäle der modernen Heizung genutzt. In der geöffneten Stellung verbleiben die einstigen Stellklappen der historischen Heizungsanlage und sind nur mehr als Schauobjekt einer längst vergangenen Technologie zu bewundern.
Beim Durchwandern dieser unterirdischen Gänge, die heute nur mehr in kurzen Abschnitten vorhanden sind, werden wir gleich wieder fündig! Wie aus einem Science-Fiction-Film taucht sie vor uns auf: die bis heute hier unten erhalten gebliebene schaurig-schöne Ventilationsturbine des Naturhistorischen Museums.
Umlenkrollen, Eisenketten, Zahnräder, Eisenklappen, Metallscharniere, Schneckenwelle und Kraftübertragung – all das geht einem durch den Kopf, wenn man die allerletzten Teile der historischen Heizungsanlage vor sich hat!

DER VERGESSENE WEINKELLER IN DER MAYSEDERGASSE

Verborgen im Keller des Kellers: verrostete Teile des stillgelegten Lastenaufzuges – die schwere Eisenkette verschwindet in der Mauer.

Neunmal windet sich Styx, so der Mythos der Griechen, um das Reich der Toten. Zu seinen Nebenflüssen zählt Lethe, der Fluss des Vergessens. Gerhard Roth hat in seinen *Archiven des Schweigens* dieses Bild auf Wien übertragen: „Der Fluss des Vergessens ist in Wien der Wein, und die Krypten des Weins sind die tiefen Weinkeller und ihre (vorläufigen) Särge die Weinfässer." Zu diesen „Katakomben des Weins" zählt auch der vergessene Keller in der Maysedergasse, einer der tiefsten Keller von Wien.

Der Zugang liegt versteckt unter einer mit buntem Bezug versehenen Sitzbank, unten im zweiten Keller des Restaurants Rosenberger in der Maysedergasse 2 im ersten Wiener Gemeindebezirk. Hier, wo Wienbesucher mit hervorragenden Speisen verwöhnt werden, schlummert ein Geheimnis. Es ist ein Ort, der spannender nicht sein könnte.

Es ist schon ein sehr spannendes Gefühl, mitten in einer Großstadt an prominenter Stelle einen Imbusschlüssel anzusetzen und vier Schrauben aus einem im Fußboden versenkten Deckel herauszudrehen. Es sind diese vier Schrauben, die verhindern, dass sich ein Mensch hierher verirrt. Der Deckel ist unheimlich schwer. Nur zwei Männer vermögen ihn gemeinsam aus seiner Ruheposition zu heben. Ist die Öffnung freigegeben und das Licht an der Helmlampe eingeschaltet, beginnt die Entdeckungsreise in eine der geheimsten vergessenen Unterwelten von Wien.

Über eine kurze Leiter steigen wir in einen völlig von der Umwelt abgeschirmten Bereich hinunter. Es ist einer der tiefsten Keller von Wien. Er befindet sich drei Etagen unterhalb des Straßenniveaus. Die Luft ist abgestanden und es ist hier unten sehr warm. Ja, wir empfinden es sogar als heiß! Wir merken sehr schnell, dass es hier zu keinem Sauerstoffaustausch kommt. Auf einer Stelle hängt ein von der hohen Luftfeuchtigkeit sehr in Mitleidenschaft gezogener, in Ungarisch und Deutsch verfasster Hinweis: *Achtung – vor dem Betreten Lüftung einschalten!* Einschalten kann man hier unten schon lange nichts mehr. Die Sicherungen sind herausgedreht und Licht existiert hier unten schon gar nicht. Hier herrscht völlige Dunkelheit. Sehr schnell erkennen wir, dass es sich um einen Lagerkeller handelt. An den Wänden entdecken wir die Staubspuren der hier einst gelagerten Flaschen. Sie sind längst eingestürzt, die Regale, die die schwere Last der vollen Weinflaschen tragen mussten. Der Zahn der Zeit hat sie zum Einsturz gebracht. Der Boden ist stellenweise übersät mit zurückgelassenen Weinflaschen. Auf den Etiketten ist zu lesen: *Riesling aus der Region Balaton Plattensee.* Wir lesen aber auch ALTE HOFKELLEREI WIEN. Neben den mit Spinnweben überzogenen Lagerregalen führt eine von Flaschen blockierte hölzerne Türe in ein Kühlhaus. Bis auf zwei an der Wand stehende Tische, unter denen sich zwei Kartons befinden, ist hier alles ausgeräumt worden. In dem einen Karton finden wir Flaschenkorken. An der Decke vor dem alten Kühlhauseingang befindet sich ein Lüftungskanal, der mit Schutt gefüllt

Eine unterirdische „Zeitkapsel“: der vergessene Lagerraum.

ist. Es handelt sich hier um einen in Vergessenheit geratenen Lagerraum für Weine und andere Köstlichkeiten.
Bis 1875 stand an dieser Stelle von Wien das Bürgerspital-Zinshaus. Der Mietzins, der für die Lokale und Wohnungen in diesem Gebäude bezahlt wurde, wurde für die Wiener Altenversorgung genützt. Nach dem Abriss des Bürgerspital-Zinshauses entstand hier eine noble Einkaufspassage. In den 1920er Jahren befand sich schließlich unter dieser Adresse ein stadtbekanntes Caféhaus, das von seiner direkten Nachbarschaft zu den allerbesten Hotels von Wien profitierte. Es lässt sich heute nur mehr schwer eruieren, in welcher Zeit dieser verschollene und vergessene Keller errichtet wurde. Mit größter Wahrscheinlichkeit befinden wir uns in einem Keller aus der Zeit unserer Großeltern oder sogar der Urgroßeltern. In einem Seitengang entdecken wir auf dem Boden liegend Eier von Hühnern. Einige sind schon zerbrochen. Wer glaubt, dass diese stinken, der irrt. Sie sind völlig geruchlos! Des weiteren steht hier ein schönes Glasgefäß, das unsere Neugierde weckt. Ein Etikett verrät uns die Herkunft und gibt auch eine Zeitangabe preis: Schank-Rum 23 %, er stammt aus dem Jahr 1983.
Unser Blick schweift über einen alten Türflügel aus Eisen. Auf dem ist ein Schild befestigt. *Aufzug-Triebwerksraum Eintritt verboten* ist darauf zu lesen. Gleich darunter befindet sich ein Blatt Papier, das von der hohen Luftfeuchtigkeit bereits stark in Mittleidenschaft gezogen ist.
Eines der schönsten hier unten zurückgelassenen Objekte ist ein stillgelegter Aufzug der *Firma A. Freissler Ingenieur Maschinen und Aufzüge-Fa-*

brik, gefertigt am Erlachplatz in Favoriten. Anton Freissler (1838–1916), der Gründer der Firma, die heute ein Teil der Otis Austria GmbH ist, war einst vom Kaiser zum *k. u. k. Hof-Maschinenfabrikanten* ernannt worden. Die Anlage war vermutlich für das Herunter- bzw. Hinaufbefördern der schweren Weinflaschen von größter Wichtigkeit. Heute stillgelegt, wurde der Aufzug einst mit einem schweren Kettenantrieb in Gang gesetzt. Ein schauriger und unheimlicher Anblick sind die noch immer vorhandenen Laufrollen, an die sich unter hohem Druck schwere Eisenketten pressen, um bis zur Stunde in einer Mauer zu verschwinden! Diese Eisenkette ist so gespannt, dass ein Bewegen auch von nur einem Zentimeter nicht möglich ist! Dieser Kellerbereich strahlt noch ein wenig die Atmosphäre der 1960er Jahre aus. Man erahnt hier förmlich den Kellermeister, der hier unten seine Weinflaschen begutachtet, die nach Sorten und Herkunft in den Holzregalen lagern. Man glaubt, die Anwesenheit des Kochgehilfen noch immer zu verspüren, der am frühen Morgen mit einer Schürze bekleidet die Kühlhaustüre öffnet, um das Fleisch für die Rindsrouladen nach oben zu holen. Aufgrund der immer schlechter werdenden Atemluft und der enormen Wärme, die hier auf uns einwirkt, verlassen wir alsbald den Keller über die Einstiegsluke, über die wir gekommen sind. Die ursprünglichen Zugänge zu diesen Räumen sind beide vermauert worden! Der vergessene Keller ist eine Schatzkammer, ein abgemauerter Lebensbereich einer längst vergangenen Zeit. Eine unterirdische Zeitkapsel, die wir mit Staunen und Ehrfurcht betreten dürfen.

Man erahnt förmlich noch den Kellermeister, der hier unten seine Weinflaschen begutachtet!

REMINISZENZEN AUS DEM ESTERHÁZYKELLER

Wiener Gemütlichkeit tief unterhalb des Straßenniveaus: der Esterházykeller. Seine Wurzeln sollen bis ins Türkenjahr 1683 zurückreichen.

Auch wenn man es nicht für möglich hält, so sind die meisten Höhlen- oder Unterweltforscher sehr gerne an der Erdoberfläche und ganz besonders bei Sonnenschein im Freien. Und wenn man uns nachsagt, dass wir nur einen erfolgreichen und wunderschönen Urlaub hatten, wenn wir aus diesem blasser zurückkommen, als wir weggefahren sind, so können wir darüber nur lächeln. Tageslicht und ganz besonders die Wirkung der Sonne ist für uns Menschen eine Quelle des Wohlbefindens. Wir können es uns aussuchen, wie viel Zeit wir im lichtlosen Teil der Erde verbringen möchten. Es gibt Menschen, die verbringen wesentlich mehr Zeit fern der Sonnenstrahlen. Bergmänner, U-Bahn-Fahrer oder Gastronomieangestellte, die ihre Wirkungsstätte in einem Kellerlokal gefunden haben. Wien war und ist immer noch bekannt für seine Kellerlokale. Für die Wiener Gemütlichkeit unterhalb des Straßenniveaus. Es ziehen diese unter dem Gehsteig gelegenen Gaststätten nicht nur die Wiener, sondern ganz besonders die Touristen an. Es zieht sie förmlich hinunter in den Keller der Gastfreundschaft, in ein Ambiente, das man in seiner eigenen Heimat gar nicht kennt! Zu einer der wohl berühmtesten Kellerlokalitäten zählte der Esterházykeller am Haarhof. Hier werden gerne Schnitzel und Schweinsbraten mit Kraut und Knödeln verzehrt! Das lieben die Besucher von Wien!

Auch wir nehmen die steilen Treppen und steigen ab, um in die unterirdische Gemütlichkeit einzutauchen. Wir sind sehr zeitig dran. Ja, eigentlich noch vor dem Öffnen des Lokales. Am Morgen ist es hier ruhig. Keiner verirrt sich am Morgen in ein Kellerlokal. Das ist genau der richtige Zeitpunkt, um mit einer Dame zu sprechen, die hier unten arbeitet. Sie begrüßt uns und strahlt in ihrem Dirndl eine Freundlichkeit aus, dass es uns mitreißt! Die aus dem Burgenland stammende Frau Angela Nimführ arbeitet seit 52 Jahren im Untergrund! Seit 52 Jahren! Wir können es noch gar nicht glauben! Sie kennt diesen Keller, der früher von vielen Stammgästen besucht wurde. Doch die Generationen ändern sich, meint sie. Die Herrschaften, die gerne im Keller gesessen sind, sterben alle und die Jungen zieht hier scheinbar nichts mehr hinunter. Doch die Touristen – die Touristen kommen sehr gerne! „Im Jahre 1968–1970, als wir in der Hochblüte des Lokals von 10 Uhr bis 13 Uhr und von 16 bis 21 Uhr unsere fixen Öffnungszeiten hatten, standen die Leute in Schlangen vor dem Kellereingang. Die halbe Naglergasse war von Menschen blockiert, weil sie alle um 16 Uhr hinunterwollten. Es war um die Sitzplätze hier unten ein wirkliches ‚Griss'!"

In der langen Zeit, welche Frau Nimführ hier unten verbracht hat, haben sich mit den vielen Menschen immer wieder Ereignisse zugetragen. Eines Abends, als Angela Nimführ nach dem letzten Gast ihre Runden drehte und das Lokal noch sauber machte, entdeckte die damals noch sehr junge Frau in der Pissoirmuschel des Männer-WCs ein künstliches Gebiss. Beherzt holt sie sich eine Serviette aus der Schank und holt die Zahnprothese aus dem Urinal heraus. Sie legt die verloren gegangenen Zähne am äußersten Ende der Schank ab, in der Hoffnung, dass der unter dem Verlust leidende Zahnträger sich seine Beißerchen holen würde. Siehe da, am nächsten Tag betritt ein älterer Mann das Lokal und fragt nach, ob man vielleicht hier seine Zähne gefunden habe. Frau Nimführ nickt und zeigt auf die Stelle, wo die Zähne liegen. Mit einem glücklichen Lächeln streckt der Suchende die Hand nach seinen verloren geglaubten Schneide- und Mahlzähne aus und steckt diese blitzschnell, und ohne dass Frau Nimführ noch etwas sagen kann, in seinen geöffneten Mund! Das werde sie, so versichert sie uns, nie vergessen!

Nach 52 Jahren im Untergrund weiß Frau Angela Nimführ viel zu erzählen!

Ein Stück Alt-Wien: der Esterházykeller.

Unter dem Kellerlokal befinden sich noch zwei weitere Keller.

Eines Tages kommt sie am Morgen in das Lokal und entdeckt, dass auf dem Boden im Lokal ein riesiges Loch zu sehen ist. Es war ein riesiges Glück, dass dieser Vorfall in der Nacht geschehen ist. Es befinden sich ja unter unserem Kellerlokal noch zwei weitere Keller, meint Frau Angela Nimführ. „Das war ein unglaubliches Glück, dass hier keine Person zu Schaden gekommen ist. Es musste danach alles abgestützt werden und wurde danach alles überprüft und nun ist alles wieder in Ordnung. Einmal komme ich in der Frühe in das Lokal und sehe, dass die Feuerwehr bei uns ist. Ein Hydrant war defekt und das Wasser ergoss sich in den Keller hinein. Der Keller war voller Wasser und die Holzkisten schwammen herum! Die Feuerwehr pumpte das Wasser ab!"
Ja, wer sein ganzes Leben in einem Kellerlokal arbeitet, der hat genug zu erzählen.

BIEDERMEIER AM GÜRTEL: IM KELLER DES WEINHAUSES SITTL

Der Schimmel hat von den leeren „Dopplern" Besitz ergriffen.

Während sich die Menschen, welche die traditionelle Wiener Küche schätzen, in ihrem Lieblingslokal lautstark unterhalten, ist ihnen nicht bewusst, dass genau unter ihnen ein wundervoller Ort aus der Vergangenheit schlummert. Ein Ort der absoluten Stille, ein Ort, der vergessen wurde, ein Ort, der uns einen Blick in das Wien unserer Großeltern ermöglicht. In ländlichen Gebieten noch öfters anzutreffen, stellen solche in ihrem ursprünglichen Zustand erhalten gebliebene Keller für eine Großstadt wie Wien bereits eine Besonderheit dar.

Der Keller war ein Bereich, der nach dem Krieg wenig Beachtung fand. Lange genug war man hier unten gesessen und hatte das Grauen der Luftangriffe über sich ergehen lassen müssen. Die Sehnsucht nach der Sonne und nach einem geordneten Leben, fernab von Schutt und Chaos, war in allen Bewohnern der Stadt wiedererwacht. Der Keller wurde zu einem „Nicht-Ort", den man vergessen wollte, zu einem mit verheerenden Erinnerungen behafteten Ort der schlechten Zeit.

Doch nun haben sich die Zeiten geändert. Siebzig Jahre nach dem Zweiten Weltkrieg ist der Wohlstand enorm gewachsen. Die Dinge, die uns umgeben, werden immer mehr, aus chronischem Platzmangel werden die Keller der Häuser wieder genutzt. Viele Häuser der Stadt werden generalsaniert und mit modernster Technik ausgestattet. Nach dem Krieg wurde der Keller beim Wiederaufbau meist noch übergangen und er blieb in seinem ursprünglichen Zustand unbeachtet zurück. Die heutigen Haussanierungen sehen bereits ganz anders aus. Von Grund auf, also vom Boden des Kellers werden die Fundamente, die Böden und Wände auf ihre Festigkeit und den vorhandenen Untergrund überprüft, um die Tragfähigkeit der Mauern zu erkennen. In vielen Fällen wird bei den Stadthäusern, die renoviert werden sollen, auch ein Dachausbau vorgenommen. Das heißt, dass wegen der neuen aufwendigen Eisen- und Stahlkonstruktionen, die mit einer enormen Gewichtszunahme einhergehen, auch das Fundament gefestigt werden muss. Aus diesem Grund werden heute die Keller mitsaniert und der ursprünglich gestampfte Lehmboden wird durch eine solide Betonverstärkung gefestigt! Das ist das Ende für uns Zeitreisende, denn nach so einem Umbau sind die Keller nicht wiederzuerkennen. Immer häufiger treffen wir bei unseren Forschungstouren auf völlig umgestaltete Kellerebenen, die uns über die ursprüngliche Zeit aus der Entstehung der Häuser nichts mehr erzählen können.

Hier am Gürtel, beim Weinhaus Sittl, ist das jedoch noch anders. Hier öffnen wir eine Kellertüre, die noch im Boden eingelassen ist. Eine Kellertür, die auch als Falltür bezeichnet wird. Heute undenkbar, war es früher üblich, in den Boden eine Tür oder besser gesagt eine große Klappe einzubauen, durch die man in das untere Stockwerk absteigen konnte. Ist sie mal geöffnet, so ist über Tag Stillstand eingetreten. Man sieht durch die offene

Luke ganz bewusst, dass jetzt gerade jemand im Keller unten ist. Man erkennt das auch daran, dass in dem üblicherweise dunklen Loch nun ein Licht brennt! Man hat jetzt auch achtzugeben, dass man hier nicht über das Loch im Boden stolpert und über die Stiegen hinunterfällt. Der Keller wird beim Öffnen seines Zuganges ganz bewusst in den Mittelpunkt unseres Bewusstseins gerückt. Ja er blockiert hier sogar den Zugang in die Küche. Herr Kremser, der seine Gaststätte jeden Tag bis ein Uhr offen hält, begleitet uns persönlich in die Unterwelt seines Weinhauses. Hier dürfen wir die letzten Spuren einer Zeit betrachten, in der die Weinkeller noch mit großen Fässern bestückt waren. Einige dieser mächtigen Fässer sind erhalten geblieben und noch zu sehen.

Des Heiligen Römischen Reiches größtes Wirtshaus

Blicken wir kurz zurück auf die Geschichte des Hauses: Nach dem Bau des Linienwalls 1704 entstand in der Verlängerung des Linientors, das sich hier befand, die „Mittlere Gasse", später auch „Mittlere Hauptstraße" genannt, die wir heute als Neulerchenfelder Straße kennen. Vor der Linie wuchs der Vorort Neulerchenfeld heran, der bei den Wienern für seine zahlreichen Gaststätten bekannt wurde – man nannte das Grätzel deshalb auch „Des Heiligen Römischen Reiches größtes Wirtshaus". Von den 157 Häusern sollen nicht weniger als 83 „Schankhäuser" gewesen sein, dazu kamen sechs Branntweinschenken, zwei Metschenken und zwei Tanzsäle.
Gleich das erste Haus der „Mittleren Gasse" an der Ecke zum Linienwall, heute das Weinhaus Sittl, trug das Schild „Zum Pelikan", seit etwa 1770 ist hier eine Gastwirtschaft bezeugt. In seinem Buch *Wiens Umgebungen* erzählt Adolf Schmidl, dass einst Gideon Ernst von Laudon (1717–1790), der spätere Feldherr Maria Theresias, sein Quartier im Haus „Zum Pelikan" be-

Herr Kremser führt uns zu einem der letzten erhaltenen großen Weinfässer.

zogen haben soll. Dazu gibt es auch noch eine Legende: Kaiser Joseph II. soll den später in Ungnade gefallenen Kriegsmann hier besucht und auf dem Boden knieend, eine Landkarte studierend, vorgefunden haben. Auf die verwunderte Frage des Herrschers, was er denn hier mache, habe Laudon geantwortet, dass er soeben Belgrad einnehme. Daraufhin habe ihn Joseph zum Oberbefehlshaber des kaiserlichen Heeres im Krieg gegen die Türken 1788 ernannt – Laudon hielt Wort und eroberte am 8. Oktober 1788 Belgrad, der Kaiser ernannte den alten Haudegen daraufhin zum „Generalissimus".

Ein Wiener Weinkeller, wie er früher einmal war: die Unterwelt des „Sittl".

Das Haus „Zum Pelikan" trug die Konskriptionsnummer 1, erbaut wurde es, wie Johann König in seiner Geschichtensammlung *Rund um den Galitzinberg* (1924) schreibt, im Jahr 1737. Sprichwörtlich „in die Schusslinie" geraten sei es im Revolutionsjahr 1848 beim Bombardement der Stadt durch die Truppen von Fürst Windisch-Graetz: Noch 1872 habe man im Gemäuer des Hauses zwei Kanonenkugeln sehen können, die damals in das Haus einschlugen.
Bekannt wurde das „Pelikan" nicht zuletzt durch die Volkssänger, die hier in der zweiten Hälfte des 19. Jahrhunderts auftraten, unter ihnen Johann Kwapil und seine Sängergesellschaft.
Im Keller des „Sittl", das auf eine so lange Vergangenheit zurückblicken kann, ist längst absolute Stille eingetreten. Nur mehr sehr selten kommt hier irgendjemand herunter. In kleinen Mauernischen liegen leere Flaschen, die bereits mit dichtem grauem Kellerschimmel überzogen sind. Auch die vielen am Boden abgestellten Flaschen, unter ihnen die einst so beliebten „Doppler", sind von diesem Schimmel fest in Besitz genommen worden. Wir begegnen an solchen Stellen der faszinierenden Morbidität des Verfalls. Aus Ziegeln und Natursteinen sind kleine Fundamente errichtet worden, auf welchen wiederum ein massives Holz eine parallel zur Wand verlaufende Basis darstellt, auf der einst die schweren Fässer in eine bedienungsfreundliche Position gebracht wurden. Heute sind viele dieser Plätze leer und die Fässer verschwunden. Das Holz der Fässer vermodert und der Tod des einstigen Großgefäßes zeichnet sich ab. Zurück bleiben fast immer die Eisenringe, die dem Fass einst seine Stabilität und Form gesichert hatten. Hier unten beim „Sittl" erinnern wir uns wieder daran, dass nichts so bleibt, wie es einmal war. Der Keller wird zum Spiegel unser selbst, er ermahnt uns, dass nichts für die Ewigkeit geschaffen ist.

DER GROSSE BRUNNEN DES KAISERBRÜNDL-BADES

In der „Römischen Grotte" des Kaiserbründls – ein Ambiente, das seiner Vollendung zustrebt.

Naser ad-Din, der Schah von Persien, kam gegen 11 Uhr. Zuvor hatte er noch in aller Eile dem Burgtheater und dem eben eröffneten Naturhistorischen Museum Kurzbesuche abgestattet, jetzt wollte er sich dem Badevergnügen widmen. Leiter und Eigentümer des vor wenigen Monaten neu eröffneten Centralbades in der Weihburggasse 18–20, die Herren Dr. Ritscher, Josef Honus und Anton Lang, begrüßten den hohen Gast. Sie hatten an diesem Vormittag des 25. August 1889 dafür gesorgt, dass es ihm an nichts fehlte. Das gesamte Bad war von Obersthofmeister Prinz Hohenlohe für Naser ad-Din gemietet worden, im Vorsaal des Dampfbades hatte man einen eigenen Ankleideraum für ihn eingerichtet, ausgestattet mit einem persischen Ruhebett und Blumenschmuck, orientalischer Wohlgeruch erfüllte die Luft, kostbare Teppiche geleiteten den Weg zum Dampfbad, in dem die eifrigen Kämmerer des Herrschers am Pfauenthron bereits zwei Tage zuvor ein „Probebad" genommen hatten. Nichts sollte die Badefreuden ihres Herrn trüben.

Der 68-jährige Schah ließ sich „rasiren und frottiren" und zog es dann überraschend vor, ein Wannenbad zu nehmen. Jetzt gab es das erste kleine Malheur: Das Wasser war ihm zu kalt, Naser ad-Din weigerte sich, in die Wanne zu steigen, das Wasser musste erwärmt werden. Als er dann endlich in der Wanne saß, war es ihm wieder zu warm – er verlangte „wiederholt" nach Eiswasser. Bereits zuvor hatte sein Günstling, der jugendliche Aziz Sultan, in den Wannen geplanscht und in der Dampfkammer die *Douche* ausprobiert, „von wo er jedesmal mit einem Schrei zurückwich, so oft die Wasserstrahlen ihn trafen. Schließlich wollte er sich kopfüber in das kalte Bassin stürzen, was ihm aber verwehrt wurde", wie die *Neue Freie Presse* bestens informiert berichtet.

Trotz der kleinen Panne mit der Wassertemperatur schien Naser ad-Din zufrieden: „Très-agréable! Ces bains sont bons", sagte er zu den Herren, die im Foyer auf ihn gewartet hatten, und machte mit ihnen noch einen Rundgang durchs Gebäude. Dann ließ er sich trotz sommerlicher Temperaturen einen mit Iltisfell gefütterten Mantel umlegen und fuhr mit seiner Entourage wieder von dannen, als nächstes stand ein *Dejeuner* in der Hofburg auf dem Programm.

Die zahlreiche Menge, die vor dem Haus auf die Abfahrt des Schahs gewartet hatte, drang nun ins Bad, um „die Räume, wo der Schah gebadet hatte, zu besichtigen". Für viele war es das erste Mal, dass sie Gelegenheit hatten, die neue luxuriöse Wellness-Landschaft im Herzen der Innenstadt zu sehen. Das von Albert Constantin Swoboda im orientalisch-maurischen Stil eingerichtete Institut versammelte alle Errungenschaften der modernen Badekultur: Es gab Dampf-, Schwefel- und Moorbäder, Frigidarien und Calarien; Simon Baruch, Pionier der Hydrotherapie, nannte das Centralbad *the mosst substantial, elegant and complete bath in the world.* Bald wiesen

Eine Wiener Attraktion des Fin de Siècle: das Männerbassin im Centralbad.

auch die Wien-Reiseführer auf die neue Attraktion hin, ein Besuch in den Hallen des Centralbades gehörte zum guten Ton. 1894 wurde zwar auch ein Damen-Dampfbad eingerichtet, das Etablissement geriet aber zunehmend in den Ruf, ein Bad für Männer zu sein, die die Gesellschaft ihres Geschlechts besonders schätzten. Das lockte auch Gäste wie Erherzog Ludwig Viktor, den jüngsten Bruder des Kaisers, an, der nicht nur ein passionierter Schwimmer war, sondern offenbar auch eine Schwäche für schöne junge Männer hatte. Wohl um 1904 kam es zu einem Skandal, als sich „Luzivuzi", der in Begleitung seines Adjutanten zweimal wöchentlich zum Baden in die Weihburggasse kam, bei einem wenig sensiblen Annäherungsversuch eine Ohrfeige abholte.

Das Bad überlebte zwei Weltkriege, bis in die 1970er-Jahre wurde es mit getrennten Abteilungen für Frauen und Männer geführt, dann übernahmen neue Pächter das Fin-de-Siècle-Institut und renovierten es, wobei man, unterstützt von der Stadt Wien, auf Aspekte des Denkmalschutzes durchaus Rücksicht nahm. Mit der Neueröffnung wurde der Badebetrieb für Frauen eingestellt, man entschloss sich, das Haus unter dem neuen Namen „Kaiserbründl" als deklarierte „Herrensauna" weiterzuführen – seitdem befindet sich hier in der Weihburggasse die Bade- und Saunazone für den Mann. Und nur für den Mann. Das Kaiserbründl ist der Inbegriff für maskuline Badekultur in Wien.

Eine Gruppe von engagierten Aktivisten schloss sich zur *Societas Conspiranti Heliogabali* zusammen und setzte sich neue Ziele: Das Kaiserbründl

Blick in den enorm großen und tiefen Brunnenschacht.

soll in den unterirdischen Sonnentempel des syrischen Hemesa verwandelt werden, um „nach einer Unterbrechung von 1777 Jahren die Divinatio Heliogabali zu vollenden". Kaiser Heliogabalus war berühmt für rauschende Orgien, die zu Ehren von Gott Eleagabal veranstaltet wurden. Wer die neuen Wand- und Deckenmalereien des Malers und Bühnenbildners Stefan Riedl in den Räumen des Bades gesehen hat, wird die Stimmungslage verstehen, von der die *Societas* sich inspiriert sieht.

Der große Brunnen

Nur wenige Menschen jedoch hatten jemals das Glück, in das unterste, in einem Dornröschenschlaf verharrende Stockwerk zu gelangen. Warum auch – es ist bis heute nicht fertiggestellt. Auch wenn die Malereien bereits gediegen sind und die Atmosphäre, die uns hier einmal erwarten wird, bereits „erfühlbar" ist, so wird dieser Ort derzeit noch vor neugierigen Blicken geschützt. Er ist noch nicht fertiggestellt, dennoch eindrucksvoll: Nackte Männer, so wie Gott sie geschaffen hat. Posen in eindeutiger Stellung, Jünglinge, die nicht mit ihren wohlgeformten Leibern geizen. Der Besucher ist im ersten Moment erschlagen von der Vielfalt der Darstellungen.
Von Monat zu Monat nehmen die Räume immer mehr Gestalt an und werden möglicherweise schon bald die Gäste erfreuen! Wer in die Keller in diesem Haus absteigt, durchwandert eine Vielzahl bunter Räumlichkeiten, die die Phantasie anregen. Der orientalische bzw. römische Stil, dem hier so

Buntes Licht sorgt im Kaiserbründl für eine sinnliche Atmosphäre.

opulent gehuldigt wird, beeindruckt jeden Besucher. Je tiefer wir kommen, desto spannender wird der Gang durch das Badehaus der Lust. Auf der tiefsten Ebene angekommen, merken wir, dass hier noch nicht alles fertig gestaltet ist. Und dann wartet da auf uns noch eine Überraschung – ein gigantischer Brunnen, in seiner Größe wohl einzigartig für Wien. Wir haben noch nie einen solch großen Brunnen mitten in der Stadt gesehen!

Der Durchmesser des Schachts beträgt stolze vier Meter, in etwa sechs Metern Tiefe erblicken wir kristallklares Wasser – einer jener großartigen Brunnen, für die Wien schon im Mittelalter berühmt war. Über diese Brunnen erzählte man sich Gutes und Böses, sie boten das lebensnotwendige kostbare Nass und ihre dunkle Tiefe regte die Fantasie zu wilden Spekulationen an: Sie seien bewohnt von giftspeienden Tieren wie dem legendären Basilisken im Brunnen des Hauses Schönlaterngasse 7. Auf geheimnisvolle Weise, so glaubte man, seien sie verbunden mit der Welt der Unterirdischen, für die sie den Ausgang zum Licht der Oberwelt darstellten. Wer daher zu viel in den Brunnen blicke, laufe Gefahr von den Brunnengeistern hinabgezogen zu werden in eine finstere Anderswelt. Wir erinnern uns an diese alte Mär, können jedoch der Versuchung nicht widerstehen und starren lange in den riesigen Schacht. Wieder einmal drängen sich zahlreiche Fragen auf: Wer hat wann dieses Brunnenmonster angelegt? Welche Rätsel gilt es in Verbindung mit ihm noch zu lösen? Fragen, die uns weiter beschäftigen werden …

QUELLEN- UND LITERATURVERZEICHNIS

Theodor W. Adorno, Wien. In: Theodor W. Adorno, Musikalische Schriften I–III, Gesammelte Schriften, Bd. 16. Frankfurt am Main 2003

Aleida Assmann, Geschichte findet Stadt. In: Moritz Csáky und Christoph Leitgeb (Hrsg,), Kommunikation – Gedächtnis – Raum. Kulturwissenschaften nach dem „Spatial Turn". Bielefeld 2009, S. 13–27

Klaus Bachmann, Von der Kavallerie zur Militärlogistik. Standortgeschichte, Formationsgeschichte und Traditionspflege der Heeresversorgungsschule und der Breitenseer Kasernen. Wien 2006

Andreas Bernard, Die Geschichte des Fahrstuhls. Über einen beweglichen Ort der Moderne. Frankfurt am Main 2006

Beschreibung des kais. Königl. Volksgartens, des Theseus-Tempels, der in demselben befindlichen Statue des Theseus, des Garten-Salons und des neuen Burgthores in Wien. Wien 1824

Falko Blask und Ariane Windhorst, Zeitreisen. Die Erfüllung eines Menschheitstraums. Reinbek bei Hamburg 2009

Bogdan Bogdanovic, Die Stadt als Symbol der Unsterblichkeit und der Tod der Stadt. In: Architektur der Erinnerung. Klagenfurt 1994, S. 17–50

Barbara Christine Daser, „Wie's ihm ums Herz ist". Hörfunk als Motor des NS-Staates. Radio in Österreich bis 1945, Diplomarbeit, Univ. Wien, Wien 2001

Reinhard K. Desoye, Die k. u. k. Luftfahrtruppe. Die Entstehung, der Aufbau und die Organisation der österreichisch-ungarischen Heeresluftwaffe 1912–1918. Wien 1994

Tim Edensor, Industrial Ruins, Space, Aesthetics and Materiality. Oxford · New York 2005

Viktor Ergert, 50 Jahre Rundfunk in Österreich. Band I: 1924–1945.

Ciaran Fahey, Verlassene Orte · Abandoned Berlin. Berlin 2015

Gerald D. Feldman, Oliver Rathkolb, Theodor Venus, Ulrike Zimmerl, Österreichische Banken und Sparkassen im Nationalsozialismus und in der Nachkriegszeit. 2 Bände. München 2006

Wolfgang Fleischer, Das verleugnete Leben. Die Biographie des Heimito von Doderer. Wien 1996

Bradley C. Garrett, Explore Everything. Place-Hacking the City. Brooklyn · London · Paris 2013

Ute Georgeacopol-Winischhofer, Vom Arbeitshaus zur Großindustrie. Wien 1998

Ute Georgeacopol-Winischhofer, Die Kisten- und Holzwarenfabrik Max Koffmahn in Wien-Atzgersdorf. In: Denkma(i)l. Nachrichten der Initiative Denkmalschutz, Nr. 19 (Jänner/April 2015), S. 12–13

Großsender Bisamberg. In: Radio Wien, IX. Jg. (1933), Nr. 35, Sonderheft „Bisambergsender", 26. Mai 1933, S. 11–46

Wolfgang Hafer, Die anderen Mautners. Das Schicksal einer jüdischen Unternehmerfamilie. Berlin 2014

Jürgen Hamel, Isolde Müller und Thomas Posch (Hrsg.), Die Geschichte der Universitätssternwarte Wien. Dargestellt anhand ihrer historischen Instrumente und eines Typoskripts von Johann Steinmayr. Frankfurt am Main 2010

Friedrich Heer, Dunkle Mutter Wien. Mein Wien. Ein Essay. Wien 1978

Joseph von Hormayr, Wien, seine Geschicke und Denkwürdigkeiten, Bd. II. Wien 1825

Dieter Jetter, Das europäische Hospital. Von der Spätantike bis 1800. Ostfildern 1987

Maria Kalbeck-Mautner/Katharina Breuer-Mautner, Erinnerungen an die Mautner-Villa. In: Unser Währing. Vierteljahrsschrift des Vereins zur Erhaltung und Förderung des Währinger Heimatmuseums (Wien), 3. Jg., H. 1 (1968), S. 14–18

Die neuen k. k. Kavalleriekasernen in Breitensee. In: Der Bautechniker 23 (1904), S. 462–464

Franz Knispel, Zur Geschichte des Sarges. Wien 1985

Reinhart Koselleck, Zeitschichten. Studien zur Historik. Mit einem Beitrag von Hans-Georg Gadamer. Frankfurt am Main 2000

Martina Löw, Soziologie der Städte. Frankfurt am Main 2008

Martina Löw, „Jede Stadt ist ein Seelenzustand" – Über städtische Vergesellschaftung und Identitätsanforderung. In: Andreas Hoppe (Hg.), Raum und Zeit der Städte. Städtische Eigenlogik und jüdische Kultur seit der Antike. Frankfurt/New York 2011, S. 11–24
Franz Menzel, Das städtische Gaswerk Wien-Leopoldau. Wien 1914 (= Sonderdruck aus der Zeitschrift des Vereines der Gas- und Wasserfachmänner in Österreich-Ungarn, Heft Jg. 1914)
Marc Mielzarjewicz, Lost Places. Schönheit des Verfalls. Halle an der Saale 2008
Thomas Müller (Hrsg.), Philosophie der Zeit. Neue analytische Ansätze. Frankfurt am Main 2007
Paul Molisch, Die Wiener akademische Legion im Jahr 1848. In: Monatsblatt des Vereins für Geschichte der Stadt Wien. Jg. 36 (1919), S. 25 ff
Das Museum im k. k. Artillerie-Arsenale zu Wien. In: Neue Militärische Zeitschrift, Jg. 1863, Heft 3, S. 345–352
Lutz Musner, Der Geschmack von Wien. Kultur und Habitus einer Stadt. Frankfurt am Main 2009
Iwan Nikoloff, Vor 60 Jahren: Kriegsende an der Universitätssternwarte Wien. Bericht eines Zeitzeugen, exzerpiert und zusammengefasst von Univ.-Prof. Dr. Hermann Haupt, Graz. In: Sternenbote 2/2005
Ninjalicious (= Jeff Chapman), A User's Guide to the Art of Urban Exploration. Toronto 2005
Ferdinand Opll, St. Maria bei St. Niklas vor dem Stubentor. In: Jahrbuch des Vereins für Geschichte der Stadt Wien, Jg. 50, 1994, S. 13 ff.
Hans Pemmer, Das Nikolaikloster auf der Landstraße. In: Unsere Heimat. Zeitschrift für Landeskunde von Niederösterreich, Jg. 38 (1967), S. 98 ff.
Ernst Peter, Die k. u. k. Luftschiffer- und Fliegertruppe Österreich-Ungarns 1794–1919. Stuttgart 1981
Realis (= Gerhard Robert Walter von Coeckelberghe-Dützele), Die kaiserliche Burg in Wien. Ein Wegweiser für Fremde und Einheimische. Wien: A. Pichler's Witwe & Sohn 1853
Peter und Wolfgang Schubert, Das Wiener Arsenal. Klosterneuburg 2003
Christine Schwab, Texturen einer Stadt. Kulturwissenschaftliche Lektüre von Sevilla. Frankfurt am Main 2013
August Silberstein, Geschichte der Aula. Die Wiener Universität und die akademische Legion. Mannheim 1848
Jeannot Simmen/Uwe Drepper, Der Fahrstuhl – die Geschichte der vertikalen Eroberung. München 1984
Gerhard Sladek, Gebetsstätten für Soldaten des Österreichischen Bundesheeres. Teil 1: Wien, In: Militär & Seelsorge, herausgegeben von der Evangelischen Militärsuperintendentur, Themenheft 30/1.
Chris Smeenk und Christian Wüthrich, Time Travel and Time Machines. In: The Oxford Handbook of Philosophy of Time. Edited by Craig Callender. Oxford 2011, S. 577 ff.
Monika Sommer, Marcus Gräser und Ursula Prutsch (Hrsg.), Imaging Vienna. Innensichten, Außensichten, Stadterzählungen. Wien 2006
Anton von Steinbüchel, Beschreibung des Theseums und dessen unterirdischer Halle in dem öffentlichen Garten nächst der k. k. Burg. Wien 1827
Alfred Stohl, Der Narrenturm oder Die dunkle Seite der Wissenschaft. Wien · Köln · Weimar 2000
Ruth Strondi, Der Theseustempel. Dialog zwischen Antike und Gegenwartskunst. (Master-Thesis) Wien 2010
Christa Veigl, Die Moderne im Kasernenbau. Zur Architektur der um 1900 gebauten Kaiser Franz Joseph-Kavallerie-Kaserne in Wien-Breitensee. In: Wiener Geschichtsblätter. Herausgegeben vom Verein für Geschichte der Stadt Wien, Jg. 65–66 (2010/2011), S. 281–293
Währing. Ein Heimatbuch des 18. Wiener Gemeindebezirkes. Herausgegeben von der Arbeitsgemeinschaft „Währinger Heimatkunde". 3 Teile. Wien 1924/25
Siegfried Weyr, Wien. Magie der Inneren Stadt. Wien-Hamburg 1968
Sharon Zukin, Landscapes of power: From Detroit to Disneyworld. Berkeley 1991

BILDNACHWEIS

Umschlagfoto: Das Kuppeldach des Heeresgeschichtlichen Museums, fotografiert mit einem Schleierschwanz-Deltadrachen.
Umschlagfoto hinten: Im großen Luftschutzkeller des ehemaligen Gaswerks Leopoldau.

Bank Austria, Historisches Archiv: 65
Wiener Stadt- und Landesarchiv (MA 8), Sammlung Gerlach: 152/153, 160, 161,
Archiv Hotel Imperial: 158, 159
IMAGNO/ÖNB: 28, 56, 74, 89
Imagno/picturedesk.com: 145
Burger, Wilhelm/ÖNB-Bildarchiv/picturedesk.com: 126
k. A./Imagno/picturedesk.com: 127
Sammlung Hubmann/Imagno/picturedesk.com: 133 (oben)
Ullstein bild – Heinrich Hoffmann/Ullstein Bild/picturedesk.com: 154, 162
Bildarchiv der Österreichischen Nationalbibliothek: 23
Privat: 26, 32
Privatsammlung: 85, 128/129, 130/131, 133 (Mitte), 140 (oben)
Archiv Bildungszentrum Maria Regina (Fotos: Robert Bouchal): 166, 167, 171
Währing. Ein Heimatbuch des 18. Wiener Gemeindebezirkes (Wien 1924/25): 30 (oben)
Radio Wien (Nr. 35, Juni 1933): 76, 77 (unten)
Universitätssternwarte Wien: 37
Wikimedia Commons: 218

Alle anderen Fotos sind Originalaufnahmen von Robert Bouchal.

DIE AUTOREN

ROBERT BOUCHAL widmet sich seit über 30 Jahren der Erforschung und Dokumentation seiner Heimat Österreich, die Auseinandersetzung mit geschichtsträchtigen Orten ist dem Höhlenforscher, Fotografen und Autor ein besonderes Anliegen. Zahlreiche seiner Publikationen finden Sie auf *www.bouchal.com*.

JOHANNES SACHSLEHNER, geb. 1957 in Scheibbs, Dr. phil. Zahlreiche Publikationen. Gemeinsam mit Robert Bouchal veröffentlichte er im Pichler Verlag zuletzt den Band „Magischer Wienerwald. Faszinierende Orte · Verborgene Plätze".

EIN HERZLICHES DANKESCHÖN FÜR TATKRÄFTIGE HILFE UND UNTERSTÜTZUNG AN

Reinhard Auner · Josef Bauer · Renate Berta · Josef Brezovics · Familie Buchal · Alfred Bucik
Bernhard Dewath · Ernst Eichinger · Josef Maria Eidler · Gerhard Faffelberger · Susanne Fritsch-Rübsamen
Wolfgang Frühwirth · Werner Hollender · Dieter Jocham · Walter Kaltenbäck · Thomas Kohlhauser
Wolfgang Korner · Felix Krepler · Hans Kretz · Markus Landerer · Ernst Meyer · Michael Moser
Michael Oswald · Kurt Parzer · Michael Petschl · Franz Pöchlinger · Walter Posch · Wolfgang Reinbacher
Benjamin Rosenauer · Catharina Rosenauer · Martin Scheiber · Andreas Schendlinger · Alexander Schmid
Sabine Schmid · Andreas Simandl · Claus Süss · Ludmilla Thür · Werner Tobisch · Wilhelm Urbanek
Monika Weber · Ludwig Varga Wehdorn · Ulrike Zimmerl

Wir bedanken uns beim Naturhistorischen Museum für die Zutrittserlaubnis
zu den Kelleranlagen im Museum und im Narrenturm.

Ein großes Dankeschön an Susanne und Kasia
für ihre Geduld bei unseren Recherchen und Forschungsarbeiten!

Für den Auftritt im www. bedanken wir uns bei Andreas Hajek.

IMPRESSUM

ISBN: 978-3-85431-732-6

Covergestaltung: Bruno Wegscheider
Produktion und Gestaltung: Alfred Hoffmann

Reproduktion: Pixelstorm, Wien
Druck und Bindung: Neografia, SK

1 3 5 7 6 4 2

Printed in EU